LA ÚLTIMA FLECHA

NO GUARDES NADA PARA LA PRÓXIMA VIDA

LA ÚLTIMA FLECHA

NO GUARDES NADA PARA LA PRÓXIMA VIDA

ERWIN RAPHAEL McMANUS

WHITAKER
HOUSE
Español

Traducción al español por:
Belmonte Traductores
Manuel de Falla, 2
28300 Aranjuez
Madrid, ESPAÑA
www.belmontetraductores.com

Editado por: Ofelia Pérez

La Última Flecha
No guardes nada para la próxima vida
Publicado originalmente en inglés en el 2017 bajo el título
The Last Arrow: Save Nothing for the Next Life,
por WaterBrook, una marca de Crown Publishing Group,
una división de Penguin Random House LLC, New York.

ISBN: 978-1-62911-986-1
eBook ISBN: 978-1-62911-987-8
Impreso en los Estados Unidos de América
© 2018 por Erwin Raphael McManus

Whitaker House
1030 Hunt Valley Circle
New Kensington, PA 15068
www.whitakerhouse.com

Por favor, envíe sugerencias sobre este libro a: comentarios@whitakerhouse.com.

1 2 3 4 5 6 7 8 9 10 11 12 ⲱ 25 24 23 22 21 20 19 18

Como flechas en las manos del guerrero
son los hijos de la juventud.
—Salmos 127:4

A mis flechas: Aaron Christopher McManus, quien nunca
se ha retirado de una pelea, y a Mariah McManus Goss,
quien es tan intrépida como feroz.

Mucho después de haber dejado mi arco y haber golpeado
mi última flecha, seguirá habiendo flechas volando certeramente:
sus nombres son Aaron y Mariah. Las trayectorias de
sus vidas los llevarán mucho más lejos del territorio
que yo he tomado. Si antes ellos fueron mis flechas,
ahora son mis arqueros. Dedico este libro
a ellos y al futuro que ellos representan.

Aaron y Mariah: ustedes son la punta de lanza.
Ustedes son el futuro. Esta es su pelea. Yo tensé
el arco tan atrás como pude, y les di a ustedes toda la
fuerza que tenía para enviarlos a volar. Vuelen lejos
y certeros. Crucen líneas enemigas. Den en el blanco. Liberten
a cautivos. Sigan golpeando hasta que se gane la batalla.
—Papá

CONTENIDO

Prefacio

La Batalla

Era jueves, día 15 de diciembre de 2016, cuando me senté ante el escritorio de mi médico y le oí decir las palabras que esperamos no oír nunca: "Tienes cáncer". Las señales habían estado ahí durante años, pero aún así la noticia fue inesperada. Sencillamente no hay mucho que puedas hacer para prepararte para esa situación. El momento lo sentí como surrealista. Era como si le estuviera sucediendo a otra persona. Yo era un espectador incómodo mirando embarazosamente dentro la vida de otra persona.

Lo que me sacudió hacia la realidad fue ver la conmoción y el dolor en los ojos de mi esposa Kim cuando esas palabras se hundieron en su alma. Observarla hizo que la realidad de todo ello fuera demasiado real. Compartir esa noticia con nuestros hijos solo hizo más profundo el dolor, y la tristeza se sentía como océanos.

El médico pasó a explicar que tendrían que hacerme una resonancia magnética y un escáner de huesos para determinar la amplitud del cáncer. Habría que determinar si el cáncer se había extendido hasta mis huesos y órganos vitales. La biopsia reveló que era maligno en cinco de las ocho áreas que se analizaron. Me dijeron que era importante que nos moviéramos con rapidez. Los especialistas en radiación me informaron que la cirugía era nuestra mejor opción. Después, conoceríamos el proceso y la extensión del tratamiento.

Nos encanta la Navidad, y todo eso cayó sobre nuestras vidas días antes de nuestras festividades favoritas. Fue una época navideña pesada, mezclada con alegría y tristeza. Todos éramos demasiado conscientes de la naturaleza temporal de la vida, y de cuán precioso es cada momento que se nos concede.

El día en que conocí mi diagnóstico fue el mismo día que abrí mi manuscrito para terminar mis ediciones finales de este libro. No podía haber sido casual que la primera línea que leí fue una que había escrito casi un año atrás: "Antes de que te enteres por otra persona, tengo que decirte que me estoy muriendo".

No podía creer que estaba leyendo esas palabras. No podía creer que yo las había escrito. Fue como si mis palabras fueran escritas después de las noticias de ese día, y no antes. Tuve que preguntarme si mis palabras fueron más proféticas de lo que yo pretendía. Me hizo comenzar a leer mi manuscrito con una claridad más profunda y mayor que cuando lo escribí.

Parece extraño decirlo, pero fui conmovido por las palabras que había escrito. Hablaba de la vida y la muerte, y de lo que significaba vivir sin temor o remordimientos. Hablaba como un hombre que sabía que se iba a morir. Al enfrentar ahora la posibilidad de la muerte, sentí esas palabras más profundamente. Estoy escribiendo este prefacio a *La Última Flecha* para decirte sencillamente eso: digo muy en serio cada palabra que he escrito. Incluso ante el rostro de la muerte. Especialmente ante el rostro de la vida.

Terminé este libro preguntándome si sería mi última flecha. Una cosa sé con seguridad: no estoy guardando nada para la próxima vida.

Soy el pastor en Mosaic, y el último domingo antes de que me hicieran la cirugía, di un mensaje que expresaba mi postura de avance. Se titulaba sencillamente "Listo Para la Batalla". Tomé la decisión de que aunque el cáncer pueda definir cómo muero, no definiría cómo vivo.

La vida es una serie de desafíos, aventuras y, sí, incluso batallas. Siempre habrá gigantes que derribar y dragones que matar. Yo he decidido ya morir con mi espada en la mano. Hay más valentía en nosotros que peligro frente a nosotros. Tú eres lo suficientemente fuerte para las batallas que te esperan.

Mi intención para este libro es que nunca te rindas, que nunca te conformes, que no guardes nada para la próxima vida.

Que mueras con tus aljabas vacías.

Que mueras con tu corazón lleno.

1

EL PUNTO DE NO RETORNO

William Osborne McManus se casó con mi mamá cuando yo tenía unos tres años. Él no era mi padre biológico, y nunca nos adoptó legalmente ni a mi hermano ni a mí, pero para todas las intenciones y los propósitos, él fue el único padre que conocí jamás. Llegamos a ser unidos, y me imagino que en mi niñez lo amaba tanto como cualquier hijo podría amar a un padre. Cuando era joven lo llamaba papá. Más adelante en la vida lo llamé simplemente Bill.

Este hombre era una contradicción en todos los aspectos. Era cálido y simpático, carismático y atractivo, y al mismo tiempo era un timador para quien la verdad era simplemente material entrelazado en cualesquiera mentiras que él necesitaba decir. Recuerdo cuando se estrenó la película *Catch Me If You Can* [Atrápame si puedes], protagonizada por Leonardo DiCaprio. Mi hermano Alex me llamó y me dijo: "¿Has visto la película? Es papá". Yo pensé exactamente lo mismo cuando estaba sentado en la sala de cine viendo la película. Si quieres entender mi niñez, está resumida para ti en dos horas.

A lo largo de los años, Bill causó a mi familia un profundo dolor, desatendiendo cruelmente a mi mamá y a mis dos hermanas pequeñas, las hijas de las que él era el padre. En la época en que nos abandonó, cuando yo tenía diecisiete años, todo el amor que había sentido por él se había convertido en desprecio. Ese día, él debió haber visto lo que yo estaba sintiendo y pensando cuando me miró a los ojos, porque se acercó hacia mí de manera agresiva. Y aunque mis instintos me hacían querer dar un paso atrás por temor, mi enojo me hizo mantener mi territorio. De pie y cara a cara conmigo, me dijo: "Golpéame. Sé que quieres hacerlo. Veamos si eres lo bastante hombre".

Yo lo miré y le dije: "Tú no mereces el esfuerzo".

Él se subió a su auto mientras mis hermanas pequeñas me rogaban que encontrara un modo de reconciliarnos. Yo salí para suplicarle que no se fuera. El último recuerdo que tengo de él ese día es ver su cara al otro lado del parabrisas cuando me hizo un corte con el frente del auto mientras se alejaba.

Incluso después de aquel fatídico día, sí encontramos un modo de reconciliarnos y nos mantuvimos en contacto por teléfono, aunque nuestro contacto era mínimo. Pero hay verdad en el adagio que dice que lo que se ha desgarrado no puede remediarse. Al final, Bill se volvió a casar, y durante aquella misma época también yo me casé. Como si fuera un guión, su nueva esposa y mi esposa, Kim, quedaron embarazadas al mismo tiempo. Pero por más motivos de los que puedo explicar, tomé la difícil decisión de dejar a mi padrastro en el pasado, y enfocarme en construir un futuro para mi familia sin Bill como parte de nuestras vidas.

Antes de que me diera cuenta habían pasado quince años, años en los cuales Bill y mi hijo, Aaron, nunca se conocieron. Aaron fue el primer McManus verdadero en nuestra familia. Yo había adoptado el apellido McManus de Bill sin que él nunca llegara a ser mi padre legalmente. Y de manera irónica, McManus ni siquiera era su nombre, sino un alias que él se había puesto. Era el tipo de persona que siempre estaba huyendo de su pasado, y su falsa identidad era parte de eso. Finalmente, Aaron llegó a tener ese apellido legítimamente.

A los quince años de edad, Aaron quiso conocer al hombre que me dio ese apellido al principio, el hombre al que yo llamaba padre. Yo sentía que le debía eso. De modo que aunque no había hablado con mi papá en quince años, lo busqué como si fuera un desconocido al que intentaba encontrar por primera vez. Lo encontramos en un pequeño pueblo a las afueras de Charlotte, Carolina del Norte, llamado Matthews. Él estaba más que contento de volver a verme, y más que contento de conocer a mi hijo. Creo que le había provocado una gran tristeza al apartarme yo mismo de su vida durante los últimos quince años.

Yo no sabía qué esperar, pero el reencuentro fue bastante bien... durante un rato. Entonces llegaron las últimas palabras que le oí decir cuando nos íbamos (no solo las últimas palabras ese día, sino siempre, ya que él murió no mucho tiempo después). Le dijo a mi hijo delante de mí: "No sé lo que te habrá dicho tu papá, pero él era mediocre. Él tan solo era mediocre. Su hermano era excepcional, pero tu papá era mediocre".

Esas palabras me cortaron como si fueran un cuchillo. Por favor, no me malentiendas. Lo que más me hirió no fue que aquellas fueran las últimas palabras que mi padre decidió decir sobre mí, ni tampoco me hirieron porque mi hijo oyera ese juicio. Lo que me atravesó el alma fue una sensación aterradora de que Bill McManus tenía razón; que yo tan solo era mediocre.

Francamente, si miramos a mis primeros años de vida, esas palabras tendrían que ser categorizadas como una exageración hacia el lado positivo. De hecho, yo estaba siempre por debajo del promedio. No era el estudiante de "C"; era un estudiante de "D". Yo no era suplente; en el mejor de los casos era tercer suplente. La dolorosa verdad es que esa "mediocridad" siempre me había esquivado. Parecía que siempre me hundía hasta el fondo. Nunca me escogían el primero, ni el segundo, ni en ningún lugar en el medio. Yo era literalmente el último jugador en ser escogido.

Y aunque siempre tenía la esperanza de que algún día hubiera algo especial en mí, lo cierto es que establecí mi hogar en el promedio, si no más bajo que el promedio. Encontré un solaz y una seguridad extraños en mi poder de invisibilidad, e hice del anonimato mi residencia.

Estoy en gran deuda con aquella conversación con Bill por todos los pensamientos que siguen en este libro. No creo que nadie nazca mediocre, pero sí creo que muchos de nosotros escogemos vivir una vida de mediocridad. Creo que hay más de nosotros que menos, que estamos en peligro de desaparecer en el abismo de lo ordinario. La gran tragedia de esto es, por supuesto, que no hay nada realmente ordinario sobre nosotros. Puede que no estemos convencidos de eso, pero nuestras almas ya saben que es cierto, razón por la cual nos encontramos atormentados cuando escogemos vidas por debajo de nuestras capacidades y llamados.

Hay dos maneras de escuchar la acusación "Tú eres tan solo mediocre". Una manera de escuchar esto es como una afirmación de esencia; que has sido recortado de una tela mediocre. La segunda es sutil, pero significativamente diferente. La afirmación puede tratarse de carácter: que has escogido el camino de menor resistencia, que no has aspirado a la grandeza que está a tu alcance. Esta es la dolorosa realidad: nos encontraremos definidos por la mediocridad si no decidimos desafiar las posibilidades. Las posibilidades son que tú y yo caeremos en la mediocridad. Por eso se le llama el promedio. Es donde vivimos la mayoría de nosotros. Estar por encima del promedio exige una decisión. Requiere que desafiemos las posibilidades. Tú no tienes control de si has sido dotado con talento, inteligencia o atributos físicos por encima del promedio. Lo que puedes controlar es si escoges vivir tu vida definida y determinada por el status quo. Incluso cuando la ley de los promedios trabaja contra ti, aún puedes desafiar las posibilidades.

La afirmación de Bill fue sobre resultado y acciones. Me alejé de su casa aquel día con una clara resolución de que, aunque no tengo ningún control sobre cualquier talento que haya sido puesto en mi interior, ningún control sobre el nivel de mi inteligencia o cualesquiera otras ventajas o desventajas que mi composición genética pudiera haber producido en mí, tomaré el control absoluto de mi responsabilidad personal de desarrollar y maximizar cualquier potencial que Dios me haya dado para el bien de otros. El viaje de *La Última Flecha* comienza cuando elevamos el nivel. Necesitamos elevar el nivel de nuestras normas de fe, de nuestro sacrificio, de nuestras expectativas sobre nosotros mismos, de nuestra creencia en la bondad y la generosidad de Dios.

Podemos negarnos a ser mediocres. *Tenemos* que negarnos a ser mediocres. Tenemos que hacer guerra contra la tentación a conformarnos con menos. La mediocridad es siempre una decisión segura, y es la decisión más peligrosa que podemos tomar. La mediocridad nos protege del riesgo del fracaso, y también nos separa de futuros de grandeza. *La Última Flecha* es para aquellos que deciden que nunca se conformarán.

No estoy hablando de una rigidez intransigente ante las propias expectativas y estándares. De hecho, una gran parte del proceso en el que estamos a punto de entrar es aprender a soltar esas cosas que en realidad no importan, e incluso esas cosas que no son las que más importan. Este libro no se trata de tener a otros bajo los estándares que tú has establecido. Este libro se trata de no subestimar cuánto Dios pretende para tu vida.

Nunca he encontrado una manera de esquivar el fracaso, así que no puedo enseñarte cómo no fracasar, pero puedo guiarte hacia el lugar donde nunca te rendirás. Incluso aquí siento la necesidad de hacer una aclaración. Puedes estar haciendo hoy algo que necesitaste dejar de hacer ayer. Puede que no haya nada peor que ganar una batalla que nunca debiste haber peleado. Estoy convencido, sin embargo, de que cada ser humano tiene un llamado único en su vida; que cada uno de nosotros fue creado con intención y propósito. Y estoy igualmente seguro de que la mayoría de nosotros subestimamos cuánto Dios realmente quiere hacer en nuestras vidas y a través de nuestras vidas. *La Última Flecha* se trata de no dejar nada sin hacer de lo que era para nosotros hacer. Es exprimirle la esencia a la vida. Este viaje se trata de asegurar que cuando lleguemos al final de nuestra vida, llegaremos a nuestros últimos momentos sin remordimientos.

NO TE DETENGAS HASTA QUE HAYAS TERMINADO

El concepto de *La Última Flecha* llegó hasta mí cuando estaba reflexionando en una historia de la vida del profeta Eliseo en las Escrituras hebreas. Es un momento oscuro y podría pasarse por alto fácilmente; sin embargo, es a la vez poético y profundo. Es también, estoy convencido, una ventana para ver cómo obra Dios en el mundo y cómo nosotros o nos abrimos a su futuro más grande, o nos aseguramos de hacer el futuro más pequeño de lo que Él pretende para nosotros.

En esta historia, Joás es el rey de Israel cuando los reinos de Israel y Judá están divididos y en guerra el uno contra el otro. Su reino está siendo amenazado por los ejércitos de Amasías, rey de Judá. La gran ventaja que tiene Joás es que el profeta Eliseo está con ellos, pero ahora Eliseo sufre una enfermedad que conducirá a su muerte. Joás va y llora por él, debido menos a su tristeza por la pérdida del profeta y más por su temor a la pérdida de la protección de Eliseo.

Joás clama a Eliseo, quien ha sido un símbolo y una fuente de la fortaleza y el poder de Dios, pero ahora está claramente al final de su vida.

Eliseo le da entonces una serie de instrucciones poco usuales. Eliseo dice: "Consigue un arco y varias flechas", y él así lo hace. Entonces le dice: "Pon tu mano sobre el arco". Cuando Eliseo le manda al

rey que haga eso, Joás lo hace inmediatamente. Cuando el rey eleva
el arco y la flecha, Eliseo pone sus manos sobre las manos del rey.

"Abre la ventana que da hacia el oriente", le dice, y él la abre. "¡Dispara!", dice Eliseo, y Joás dispara. Eliseo declara: "¡Flecha victoriosa del Señor! ¡Flecha victoriosa contra Siria! ¡Tú vas a derrotar a los sirios en Afec hasta acabar con ellos!".

Entonces le dice: "Toma las flechas", y el rey las toma. Eliseo le dice: "Golpea el suelo". Él entonces lo golpea tres veces y se detiene. Entonces las Escrituras nos dicen algo que es bastante inesperado: "Ante eso, el hombre de Dios se enojó y le dijo: Debiste haber golpeado el suelo cinco o seis veces; entonces habrías derrotado a los sirios hasta acabar con ellos. Pero ahora los derrotarás solo tres veces". Justo después de decir eso, la historia nos dice: "Eliseo murió y fue sepultado".[1]

Gran parte de lo que ocurre aquí no tiene sentido para nuestras mentes modernas. ¿Cómo podría quedar tan afectado el futuro del rey dependiendo de si golpeaba una flecha tres veces, cinco o seis? ¿Por qué no le explicó Eliseo lo que se requería antes de someterlo a sus consecuencias? ¿Cómo podía haber sabido él que el seis era el número mágico y que el tres no bastaría? Hasta ese momento, el rey había hecho todo lo que Eliseo le indicó. Pero cuando Eliseo le dijo que golpeara el suelo con las flechas, dejó la indicación con un final abierto.

No es insignificante que el texto diga: "El hombre de Dios se enojó". Claramente, aquí estaba sucediendo mucho más de lo que parece. Ese no fue un error pequeño. El rey comenzó con la promesa de una victoria completa, y después recibió mucho menos; y todo se centra en torno a una decisión: él golpeó el suelo tres veces y después se detuvo. Dicho de otro modo: se rindió. La Biblia no nos dice por qué se rindió. Quizá estaba cansado, quizá se sentía ridículo, quizá tenía la sensación de que eso estaba por debajo de él; o quizá sintió que era un acto fútil. Pero está claro que, para Eliseo, el hecho de que el rey dejara de golpear la flecha estaba relacionado con su determinación de recibir la medida plena de la intención de Dios para él. Él se rindió y perdió la victoria. Sencillamente no la quiso lo suficiente.

Me pregunto cuántas victorias se pierden antes de que incluso haya comenzado la batalla. Me pregunto cuánto más bien desea Dios dar al mundo que ha quedado frustrado por nuestra falta de ambición. Me pregunto cuántas veces en mi propia vida, pensé que había fallado, pero en realidad lo único que sucedió fue que me rendí.

¿Qué hay en nosotros que se detiene antes de haber terminado, que confunde rendirse con fracasar, que se conforma con menos? Veo demasiado de mí mismo en esto; puedo identificar demasiadas veces cuando he orado muy poco, esperado muy poco, y hecho muy poco. ¿Te has convertido tú en el tipo de persona que siempre busca lo mínimo que puede hacer, intentando hacer solamente lo que se requiere? ¿O eres el tipo de persona que se ha dado por vencido no solo en la vida, sino también contigo mismo? Cuando llegues al final de tu vida, ¿podrás decir: "Di todo lo que tenía", o tendrás un sentimiento hueco dentro de tu alma de que te rendiste demasiado pronto, esperaste demasiado poco, que no golpeaste la última flecha?

Creo que muchos de nosotros oímos decir a Dios: "Toma tus flechas y dispara", pero al igual que el rey, nunca oímos el mandato:

"Deja de golpear el suelo". Simplemente nos detenemos antes de haber terminado. Nos detenemos antes de que Dios haya terminado.

Hay una postura hacia la vida que separa a quienes terminan su vida con sus aljabas llenas de potencial sin utilizar y de oportunidades no aprovechadas, y a quienes mueren con sus aljabas vacías. Las flechas no son para usarlas como decoración; son para la batalla. La pregunta que todos debemos responder es: *¿Soy el tipo de persona que golpea tres veces y se detiene, o soy el tipo de persona que, cuando me mandan golpear con mis flechas sigo golpeando y golpeando y golpeando hasta que no quedan más flechas?*

Es curioso que Eliseo hiciera que el rey disparase la primera flecha por la ventana, y después le dijera que agarrara las flechas restantes y comenzara a golpear el suelo con ellas. Puede que nunca sepamos la plena implicación de la razón por la cual le dijo que lo hiciera de ese modo. Quizá la flecha que disparó por la ventana era un símbolo de cómo Dios llevaría la victoria mucho más allá de la mano del rey. Ese es el modo en que se esperaría que se utilice una flecha. El mandato extraño fue tomar la flecha y golpear con ella en lugar de dispararla. Parece implicar que el enfoque estaba en lo que Dios había puesto en la mano del rey.

Esta, a propósito, es la paradoja del modo en que Dios obra en nuestras vidas. Debemos disparar la flecha y reconocer que hay cosas que están fuera de nuestro control, y debemos golpear la flecha y aceptar responsabilidad por lo que sí está en nuestro control. Debemos disparar y golpear, pero lo que no debemos hacer es detenernos.

La mayoría de nosotros vivimos la vida como si las flechas fueran demasiado valiosas para dispararlas. Se ven tan bien dentro de la aljaba. Incluso puede que tomemos tiempo extra cada día para organizar nuestras flechas y asegurarnos de que estén en perfectas condiciones. Lo que me gusta sobre las flechas, en contraste con otras armas antiguas, es que cuando puedes usar una espada, nunca se aparta de tu mano, pero la flecha solo tiene valor si la sueltas y viaja hasta donde tú mismo no has ido. La flecha amplía tu alcance de impacto, y solamente cumple su propósito cuando es lanzada. No estamos supuestos a morir con nuestras aljabas llenas. De hecho, nuestra mayor aspiración debe ser morir con nuestra aljaba vacía. Quienes nunca se conforman tienen la mentalidad de que no están guardando nada para la próxima vida.

EL PUNTO DE NO RETORNO

En el 1997 entré en una sala de cine y vi una extraña película titulada *Gattaca*.[2] En esa época, sus estrellas (Jude Law, Ethan Hawke y Uma Thurman) eran todos relativamente desconocidos, y para la mayoría, esta película pasó sin pena ni gloria. Pero su mensaje me impactó mientras estaba sentado en aquel cine, y su mensaje nunca me ha abandonado. Sospecho que las películas tienen la mayor influencia en nosotros no cuando nos atraen hacia su historia, sino cuando invaden nuestra propia historia.

Gattaca es la historia de dos hermanos: Vincent y Anton. El escenario está en un tiempo futuro en el que los hijos son manipulados genéticamente para que nazcan perfectos y sin defectos. Aún así, contra los mejores esfuerzos de la sociedad, sigue habiendo en ocasiones niños que nacen llamados "bebés naturales". Ellos son clasificados como inválidos. La teoría, desde luego, es que el ser humano natural no puede competir con el que es un resultado del refinamiento genético.

A mí eso me resultaba demasiado familiar. Mi hermano, Alex, siempre era mi contraste cuando crecíamos. Cuando estábamos en sexto grado, él era uno de los niños más rápidos en los Estados Unidos. Cuando llegamos a la secundaria, él era el *quarterback* estrella en nuestra escuela, rompiendo todos los récords de la conferencia. Ni siquiera tenía la decencia de ser un deportista tonto. En cambio, me hizo el flaco favor de tener un CI (cociente de inteligencia) que se sale de las escalas, y una agudeza natural de liderazgo que lo hizo un general en un mundo de civiles. Para que fuera más fácil manejarnos, mi madre nos puso a los dos en el primer grado al mismo tiempo. Él tenía siete años y yo cinco, y por eso desde el primer grado hasta que nos graduamos de la secundaria, yo operé como si fuera el gemelo inferior.

Así que tuve la sensación de que *Gattaca* era como mi historia, la historia de dos hermanos: uno de ellos, la imagen de la perfección; el otro, un recordatorio constante de nuestra humanidad con defectos. No hay mundo en el cual Vincent superara nunca a Anton. Anton posee una característica que todos nosotros en nuestros deseos más profundos querríamos tener también: la ausencia de todos nuestros defectos, la ausencia de nuestras debilidades, la ausencia de nuestra humanidad. Vincent, por otra parte, es el modelo degradado de lo que significa ser humano. Es un bebé natural, y en contraste, su hermano es sobrenatural.

En la película, el dilema está en que, aunque Vincent es inferior, sus sueños y aspiraciones no están limitadas ni definidas por sus imperfecciones. Su dilema es el que todos nosotros enfrentamos. Aspiramos a esas cosas que parecen estar por encima de nuestro alcance. Nuestras almas parecen gastarnos una broma cruel, haciéndonos querer cosas que parecen ser imposibilidades. ¿No sería mejor para todos nosotros si fuéramos incapaces de saber que hay más? ¿Cuántas veces nuestro mayor tormento, ese pensamiento obsesionante, es que las vidas que anhelamos vivir no son las vidas que fuimos creados para vivir?

Sin embargo, alrededor de nosotros encontramos recordatorios esperanzadores de que personas aparentemente ordinarias y comunes han encontrado su manera de vivir vidas extraordinarias. Conocemos sus historias, que nos inspiran y vuelven a encender una llama de esperanza en nuestro interior de que también nosotros podríamos llegar a ser más; que podríamos atravesar la presión gravitacional de la mediocridad y trascender el status quo, viviendo una vida que sea únicamente la nuestra. Sí parece haber un punto de quiebre, un momento decisivo, un momento de la verdad en el que una persona decide que él o ella no se conformará con menos, que menos ya no es una opción. Vemos este momento ilustrado poderosamente en las vidas de estos dos hermanos: Vincent y Anton.

Vincent ha adoptado un alias y también es conocido como Jerome. En su mundo, debe convertirse en otra persona para llegar a ser quien él es. (No hay ironía pequeña en esto para mí, porque he vivido mi vida con un alias heredado, batallando siempre para descubrir quién soy realmente). Encontramos a los dos hermanos en medio del océano compitiendo para ver quién puede nadar más lejos. Anton está batallando, incapaz de seguir el ritmo a su hermano inferior.

ANTON

¿Cómo estás haciendo esto, Vincent?
¿Cómo has hecho todo esto?

VINCENT

Ahora es tu oportunidad de descubrirlo.

(Vincent se aleja nadando una segunda vez. Anton se ve forzado a seguir una vez más. Enojado a estas alturas y rechinando los dientes, Anton recurre a la misma determinación que hemos visto durante su nado constante en la piscina. Da un acelerón, tambaleándose lentamente hacia Vincent)

Anton gradualmente se sitúa al lado de Vincent, seguro de que ese esfuerzo desmoralizará a su hermano mayor. Pero Vincent ha disimulado, esperando que él lo alcanzara. Vincent sonríe a Anton y casi con un rasgo de simpatía, vuelve a situarse adelante. Anton se ve obligado a ir con él. Vuelven a nadar una larga distancia.

Es Anton quien se va desmoralizando gradualmente; sus brazadas se debilitan, y su voluntad se drena. Anton se detiene, agotado y temeroso. Vincent también se detiene. Sin embargo, su rostro no muestra la ansiedad de Anton.

Van aplastando el agua apartados por varios metros. El océano está más agitado ahora. La vista de las luces en la orilla está nublada por los picos de las olas.

ANTON

(comenzando a mostrar pánico)

Vincent, ¿dónde está la playa? Estamos demasiado alejados. ¡Tenemos que regresar!

VINCENT

(respondiendo)

Demasiado tarde para eso. Estamos más cerca de la otra orilla.

(Anton mira hacia el horizonte vacío).

ANTON

¿Qué otra orilla? ¿Hasta dónde quieres llegar? ¿Quieres que los dos nos ahoguemos?

(Poniéndose histérico)

¿Cómo vamos a regresar?

(Vincent tan solo mira sonriendo a su hermano menor, con una sonrisa inquietantemente serena).

VINCENT

(siniestramente calmado)

Quieres saber cómo lo hice. Así es como lo hice, Anton. Nunca guardé nada para regresar nadando.

Esas son palabras acechadoras de una persona que no tenía nada que perder. Quizá aquellos de nosotros que somos más conscientes de nuestras imperfecciones y defectos somos más adecuados para este viaje. Después de todo, ¿qué tenemos que perder? Nunca estuvimos supuestos a llegar a nada. Si el fracaso es nuestro futuro inevitable, entonces fracasemos con valentía y fracasemos hacia delante. Pero suceda lo que suceda, no nos escondamos tras la excusa de que no le dimos todo lo que teníamos. Quizá la vida que deseamos está más allá del punto de no retorno.

Ese pensamiento nunca se ha apartado de mí: que él nunca guardó nada para el camino de regreso. Estoy convencido de que esta mentalidad es la diferencia fundamental entre quienes golpean la flecha tres veces y aquellos que golpean hasta que han utilizado la última flecha. No dejan nada para el camino de regreso. No guardan nada para la próxima vida.

2

NO GUARDES NADA
PARA LA PRÓXIMA VIDA

Mick Fanning, apodado Relámpago Blanco, es surfero profesional australiano. Fanning ganó el World Tours de la ASP (Asociación de Profesionales del Surfeo, por sus siglas en inglés) en los años 2007, 2009 y 2013. Parecía tener el surfeo en su sangre y su destino. Pero el día 19 de julio de 2015, mientras estaba en una competencia en Sudáfrica, los espectadores observaron con horror mientras él luchaba contra un tiburón que desgarraba la cuerda de su tabla. Increíblemente, él escapó sin daño, pero no sin habla.

Seis días después volvió a surfear. Entonces, como si el destino estuviera determinado a salirse con la suya, *otro* tiburón lo persiguió y él tuvo que salir del agua.

Francamente, si hubiera sido yo, habría puesto fin a una carrera en aquel momento. Supondría que ese era el modo que el universo tenía de decirme que ya no era querido en el océano. Pero la respuesta de Fanning nos indica el tipo de persona que se desempeña al más alto nivel en la ocupación que ha escogido. Él dijo: "Surfear me ayudó a atravesar los periodos más difíciles de mi vida, de modo que no sería correcto darle la espalda al surf".[1] A su propia manera, Fanning nos estaba diciendo que no estaba guardando nada para la próxima vida.

Eso hace que me pregunte: ¿he evitado las aguas infestadas de tiburones de mi propia vida y me he rendido a quedarme en la orilla? No hay que ser surfero para encontrarte en un dilema confuso y enfrentándote a tus mayores temores. Yo he bromeado con que las dos maneras en que más he temido morir son ahogarme y que me coman vivo, razón por la cual no me he sentido particularmente atraído al surf. Pero durante una larga vida he aprendido lo siguiente: hay muchas maneras de ahogarse y muchas más maneras de que te coman vivo.

Podemos tener tanto miedo a la muerte que nunca vivimos, tanto miedo al fracaso que nunca nos arriesgamos, tanto miedo al dolor que nunca descubrimos cuán fuertes somos realmente. Sencillamente tus ganas de subirte a la ola tienen que ser más grandes que tu temor al tiburón. Y aunque Sudáfrica es conocida por sus aguas infestadas de tiburones, puedo decirte que la vida no es distinta en cualquier otro lugar. Cuando nos conformamos con menos, nos conformamos con la seguridad de la orilla. Cuando decidimos no conformarnos nunca, deberíamos también reconocer que llegarán los tiburones.

UNA HISTORIA INTERMINABLE

En el 2009 viajé a Mysore, India, para participar en la comunidad global TED, y escuché a algunas de las mentes más grandes en Asia del Sur. Nunca olvidaré la charla de Devdutt Pattanaik, un médico indio que trabajaba como el oficial jefe de creencia de Future Group, uno de los mayores comerciantes al por menor de India.[2] Pattanaik se denomina a sí mismo, entre otras cosas, un mitólogo. Él ayuda a aprovechar el poder del mito en la administración de negocios y en la vida. La mitología, explica él, proviene de las historias, símbolos y rituales que comunican nuestras creencias.

Lo que más me sorprendió fue su contraste humorístico y penetrante entre el pensamiento oriental y el occidental. Su enfoque estaba en cómo los diferentes mitos que moldean nuestras cosmovisiones nos afectan cuando intentamos participar en los negocios. Pero las implicaciones van mucho más lejos que eso. Él contrastó la mentalidad india, que enfoca la vida más naturalmente con una lógica difusa, fluidez y contextualización, con la mentalidad occidental, que se inclina más hacia hechos, lógica y estandarización. Él destacó que los hindúes que creen en la reencarnación no tienen prisa, pues creen que tienen muchas vidas para hacer las cosas, lo cual contrasta con los antiguos griegos, que creían que cada persona tenía una sola vida y, debido a eso, tenían un mayor sentido de urgencia. Cuando tienes solamente una vida, tienes un mayor sentido de determinación e incluso desesperación por lograr algo significativo. Pattanaik no estaba defendiendo el derecho de cualquiera de esas perspectivas; simplemente estaba afirmando un hecho de que el modo en que vemos nuestra existencia tiene un efecto radical en nuestra participación en esta vida.

Aunque hay muchas cosas que admiro sobre el pensamiento oriental, prefiero el efecto de lo que Pattanaik llamaría mitología occidental. Yo me despierto cada día con una convicción abrumadora de que esta vida importa, y que cada uno de nosotros tiene una vida, y solamente una, para dejar una marca en la historia. Estoy totalmente convencido de que lo que hacemos en esta vida importa, y que el tiempo es nuestro bien más precioso. Es en cierto modo frustrante cuando lo pensamos. Si esta vida importa tanto, parece injusto que no tengamos una vida de calentamiento para prepararnos para la verdadera. No hay carreras de prueba. En ese sentido, la vida no nos permite repeticiones. Cuando hayamos dado nuestro último aliento, nuestras historias en la historia han quedado escritas. Y aunque tenemos historias que continúan en la eternidad, es imperativo que entendamos que esas historias comienzan en el aquí y ahora.

Pattanaik resumió las mitologías occidental y oriental dando una palabra clave para cada cosmovisión. Para él, era un contraste entre un *uno* occidental y una *infinidad* oriental. Los griegos, una vez más, estaban convencidos de que cada persona tenía una sola vida, y esa cosmovisión los impulsaba a aspirar a vivir sus vidas más heroicas. La mente hindú ve nuestra existencia como infinita, y estaría más impulsada por la conexión entre todas las cosas.

Ver el contraste entre estas dos cosmovisiones me ayuda a entender el poder de la mentalidad hebrea. En la intersección de las cosmovisiones occidental y oriental, los hebreos estaban impulsados por ambos: lo único y lo infinito. Cada uno de nosotros tiene una sola vida, pero esa vida tiene significado eterno. Lo que hacemos en esta vida tiene implicaciones infinitas, y por encima de eso, nuestras historias son más grandes que la historia. Nuestras historias no terminan cuando nosotros terminamos. Son tan solo el principio de historias mucho más grandes, de cuyo contenido estamos totalmente ajenos. Por lo tanto, en ese sentido obtenemos lo mejor de ambos mundos. Nuestro significado más profundo debe ir más allá de lo que está limitado por el tiempo y el espacio; sin embargo, eso en ninguna manera disminuye la importancia de este momento. Si la urgencia de una vida es lo que nos impulsa a vivir nuestras vidas más heroicas, entonces aprovechemos al máximo esta única vida que tiene cada uno de nosotros. Al mismo tiempo, solo podemos vivir bien esa vida más heroica cuando tenemos un profundo sentido de conexión con aquello que es infinito y eterno.

CUANDO LA REALIDAD GOLPEA

Era una noche como muchas otras noches: sin incidentes, calmada y tranquila. Yo estaba tumbado en la cama y Kim estaba en la ducha para quitarse el agotamiento del día. Todo parecía muy sereno, hasta que oí un golpe que venía de detrás de la puerta del baño. Algunas veces, un ruido te dice más de lo que quieres saber. Yo no vi que sucediera nada, pero supe inmediatamente que Kim había sufrido una mala caída. Y si el sonido comunicaba con precisión, su cabeza se había golpeado contra el piso de mármol.

Salté de la cama y me apresuré a entrar en el baño, y la vi sobre el piso. Ella estaba definitivamente aturdida y confusa, y era obvio que tenía mucho dolor. Si lo recuerdo correctamente, me pidió que la ayudara a levantarse, o quizá yo le pregunté si podía ayudarle a levantarse. Toda la escena está un poco borrosa para mí. Lo que sí recuerdo es que el instante en que intenté ayudarle a levantarse, vi un gran charco de sangre en su nuca y entendí que era mejor que siguiera allí acostada. Ella intentó ponerse de pie, pero yo insistí en que se quedara acostada y no mirara hacia los lados. No quería que viera la cantidad de sangre que había salido de su cabeza.

En medio de mi pánico, agarré el teléfono para llamar al 911 en busca de ayuda, pulsando los números lo más rápido que pude. No puedes imaginar mi sorpresa cuando respondió una voz al otro lado en una voz autómata: "Directorio de ayuda de AT&T. ¿Puedo ayudarle?". Nunca antes había llamado al 911, y la falta de urgencia no era lo que yo esperaba oír. Creo que fue Kim quien señaló que yo había marcado 411 y que tenía que marcar 911.

Es extraño lo mucho que esos momentos 911 revelan quiénes somos. Voy a confesarlo sin tapujos: ver a Kim acostada en medio de un charco de sangre me dejó hecho un desastre. Ella lo llama pánico; yo lo llamo amor.

Hubo un momento cultural cuando sentí como si nuestro país entero hubiera marcado el 911. Fue el 11 de septiembre de 2001.

Como muchas otras personas, yo recuerdo exactamente dónde estaba y lo que estaba haciendo cuando los dos aviones chocaron contra las torres del World Trade Center y enviaron a nuestro país a una crisis. Yo iba conduciendo hacia el Aeropuerto Internacional de Los Ángeles cuando recibí una llamada de mi familia implorándome que no me subiera al avión que estaba a punto de abordar, y que regresara a casa. Sinceramente, para mí no tenía sentido lo que me decían. Me hablaban de un avión que se chocó contra un edificio en Nueva York, y aunque sonaba trágico, yo no entendía las implicaciones de lo que estaba sucediendo. Cuando el segundo avión giró hacia la segunda torre, la imagen de lo que estaba sucediendo se esclareció más.

Estoy convencido de que muchos de nosotros han sido marcados por ese día y que, como resultado, ya sea de manera consciente o inconsciente, muchos de nosotros hemos tomado decisiones que han alterado el rumbo de nuestros valores, decisiones, e incluso de nuestras vidas. Dos cosas específicas sucedieron para mí debido al 11 de septiembre. Primero, me convenció de que debía hacerme ciudadano estadounidense. Yo nací en El Salvador, y el día 11 de septiembre seguía siendo ciudadano salvadoreño y solamente residente permanente en los Estados Unidos. Decidir hacerme ciudadano de este país fue mi manera de decir que esa pérdida era mi pérdida, esa herida era mi herida, y que cualquier futuro que necesitara surgir de esta tragedia, yo me comprometía a ser parte de él independientemente de las consecuencias o del costo.

Lo segundo fue un repentino aumento en oportunidades para dar conferencias por toda Norteamérica. Tras el 11 de septiembre llegó repentinamente una réplica que afectó mi vida personalmente. Hubo conferencistas que comenzaron a retirarse de eventos a los que se habían comprometido. Muchas de las organizaciones que realizaban los eventos ya se habían comprometido financieramente, de modo que tenían que encontrar sustitutos rápidamente para sus conferencistas preferidos. Comenzó con una llamada, y después otra. Poco después, yo estaba recibiendo un número inesperado de peticiones. En cierto modo, se difundió la noticia de que yo abordaría cualquier avión hacia cualquier parte, o para resumir: yo tenía una cruel indiferencia por mi propio bienestar personal y mi vida. Me vi inundado de invitaciones. Estaba sustituyendo a los nombres más grandes entre los conferencistas. Muchos de ellos eran muy conocidos por sus mensajes de fe, valentía y riesgo, pero bajo esas circunstancias sentían que era mejor cancelar sus compromisos y no subirse a un avión. Sería bonito creer que yo era el orador preferido en todos esos eventos, pero realmente me siento bastante cómodo con la verdad de que yo era más bien el único que estaba disponible.

Llegué hasta un punto en el que mi esposa comenzó a enojarse porque sentía el peligro de las decisiones que estábamos tomando. Nuestros hijos eran jóvenes, y no era poca cosa para Kim considerar que ella podría estar educando sola a nuestros hijos.

Recuerdo un día en particular en que un conocido orador canceló otro de los eventos, y ese día me llamaron y me pidieron que fuera esa semana para sustituirlo. Me senté con Kim y dije: "Voy a volar hasta el otro lado del país para dar una conferencia".

Con frustración, ella me preguntó qué orador había cancelado esa vez. Yo le pregunté por qué quería saberlo, y ella dijo: "Quiero llamar a su esposa y decirle que su esposo es un cobarde".

Algunas veces olvidamos que las personas responden de modo diferente al trauma. Al mismo tiempo, es en esos momentos cuando somos confrontados con la incertidumbre de la vida, lo que nos permite vernos a nosotros mismos con mayor claridad. Incluso mientras escribo estas palabras estoy a unas pocas horas de distancia de conocer los resultados de una biopsia reciente. Pero estoy convencido de lo siguiente: no debemos permitir que el temor nos robe nuestro futuro, y cada día que caminamos por esta tierra debemos estar seguros de no guardar nada para la próxima vida. Nunca debes permitir que el temor te mantenga atrapado. El momento en que decides jugar a lo seguro, has perdido el partido. En lugar de huir de tus temores, apóyate en ellos, porque al otro lado de ellos está el futuro que anhelas. Esos momentos forman carácter y forjan el futuro.

Lo que yo llamo "momentos 11 de septiembre" son esas ocasiones en que hay una clara línea de distinción entre temor y fe. Me gustaría decirte que nunca sentí la tenaza del temor mientras estaba en esos aviones, pero la sentí. Hubo más ocasiones de las que quisiera recordar en las que me sentí abrumado por la posibilidad de que ese día fuera la última vez que volvería a ver a mi esposa y a mis hijos. Permite que te diga que el modo en que te despides con un beso de tu familia cuando te preguntas si podría ser la última vez es muy diferente a todos esos días en que supones que tendrás un día más de vida. Sentado en un avión, respiraba profundo, hablaba con Dios, y repetía en mi corazón: *Hoy es un buen día para morir*, lo cual podría explicar por qué siento tanta admiración por la cultura de los samurai. Los samurai vivían para servir a su maestro con su vida y su muerte. La palabra *samurai* significa literalmente "sirviente", y es interesante que también puede traducirse como "diácono". Quizá su virtud más poderosa era que no veían tragedia en la muerte; solamente en no vivir una vida de servicio a su maestro. Evitar la muerte no es lo mismo que perseguir la vida. Estoy convencido de que solamente cuando ponemos la muerte a nuestras espaldas podemos genuinamente vivir la vida al máximo.

Si el 11 de septiembre me enseñó algo, fue el no guardar nada para la próxima vida, hacer lo que hay que hacer, decir lo que hay que decir, escribir las palabras que deben escribirse, y vivir la vida que debe vivirse. El tiempo nos seduce a creer que es el amigo que nunca se nos acabará, pero la cruel verdad es que siempre lo hace. No sería injusto decir que el tiempo nos miente. Nos engaña para que creamos que podemos esperar hasta mañana para hacer lo que debimos haber hecho ayer. Y aunque encuentro un número interminable de razones por las cuales las personas dejan cosas sin hacer en esta vida, descubro una característica unificadora de aquellos que no dejan nada para la vida siguiente: un sentido de urgencia.

EL PODER DEL AHORA

La urgencia puede ser alimentada por muchas cosas: pasión, convicción, incluso compasión. Pero a menudo descubro que la urgencia, en su forma más cruda, está alimentada por la desesperación. El cambio que ocurre cuando te niegas a permanecer o a ser definido por el promedio llega cuando cruzas una línea que otros considerarían locura. Aunque todos a tu alrededor dicen que puede esperar, tú sabes que no puede. Veo que a menudo nos resulta más cómodo hablar acerca de la pasión que acerca de la urgencia, pero es la urgencia la que pone fechas límite a nuestras pasiones. La pasión se trata de lo que nos aviva; la urgencia se trata de cuánto importa en este momento. Las cosas más importantes en la vida raras veces llegan con urgencia. Puede parecer que va contra la intuición, pero las cosas más importantes en la vida son empujadas con mucha facilidad a un segundo plano. Lo urgente es en raras ocasiones lo más importante; pero lo más importante debe ser siempre lo más urgente. Las cosas más importantes en la vida requieren que aportes tu propia urgencia. La pasión es el combustible que produce urgencia. El liderazgo se trata de llevar urgencia a las cosas que más importan.

La Última Flecha no se trata de lo que puedes hacer o podrías hacer; se trata de lo que debes hacer. No se trata de maximizar tu potencial o alcanzar tu grandeza personal; se trata de ser consumido con una importancia y una urgencia que son más grandes que nosotros mismos. Son raros aquellos que se permiten ser consumidos por cosas que son más grandes que ellos mismos. Y aunque el cambio desde no ser consumido a ser consumido es sutil, es sísmico. Esas personas saben que no está en sus manos si el avión aterriza, pero está completamente en sus manos si están dentro del avión cuando despega. Ellos deciden que si Dios ha puesto las flechas en sus manos, las golpearán hasta que ya no puedan golpear más. Si un día hemos de tener una conversación con Dios acerca de la medida de nuestras vidas, yo prefiero que Él me pregunte por qué intenté hacer demasiado, en lugar de que me pregunte por qué me conformé con tan poco.

Aunque el profeta Eliseo era el agente del cambio, el futuro estaba literalmente situado por Dios mismo en las manos del rey Joás. El deseo de Dios era darle al rey una victoria completa; en cambio, él se conformó con una vida de batallas interminables. No es coincidencia que la Escritura diga: "el hombre de Dios se enojó y le dijo: −Debiste haber golpeado el suelo cinco o seis veces".[3]

Te resultará muy difícil encontrar alguna historia en las Escrituras en la cual Dios se enoje porque alguien tiene demasiada fe, demasiada determinación, demasiada resolución. Lo cierto es que seguimos repitiendo los mismos errores una y otra vez. Dios pone el arco y las flechas en nuestras manos, y nos dice que disparemos y que golpeemos; y en lugar de llegar hasta los límites de lo que Dios podría hacer en nuestras vidas y a través de ellas, asumimos que su intención para nosotros es menor, y así nos conformamos con lo que nosotros podemos hacer, en lugar de lo que Dios quería hacer por medio de nosotros.

La realidad es que todos nosotros nos conformamos en algunas áreas de nuestras vidas, y ese conformismo es una parte inevitable incluso de la empresa más exitosa. Aun las Escrituras nos alientan a zanjar conflictos y, de hecho, a aprender la habilidad de zanjar conflictos sin la necesidad de que ningún tribunal o jueces lleguen a nada significativo en la vida. Tienes que saber dónde necesitas conformarte y dónde nunca deberías conformarte. Una de las sutiles habilidades de las personas que maximizan su capacidad y optimizan su impacto en el mundo es que saben qué batallas no pelear. Saben a qué territorio renunciar. Saben dónde conformarse. Eso no se debe a que estén en una postura de hacer concesiones; se debe a que tienen una claridad acerca de lo que realmente les importa. Saben de lo que se tratan sus vidas. Tienen una profunda intención, y esa intención informa a cada área de sus vidas. Quienes se interesan por todo, realmente no se interesan por nada.

La Última Flecha no es un llamado a no conformarse nunca en cada área de la vida; *La Última Flecha* es un llamado a no conformarse nunca acerca de lo que Dios pretende hacer con tu vida. Tú tienes que saber lo que importa; tienes que saber quién eres; tienes que saber a qué debes entregar tu vida. Porque al final, la única cosa donde nunca debes conformarte con menos es el llamado que Dios tiene en tu vida, el propósito para el cual Él te ha creado, el impacto que Él diseñó que hicieras en el mundo.

La mayor tragedia de la que he sido testigo una y otra vez es que seguimos subestimando cuánto quiere hacer Dios en nosotros y por medio de nosotros. Somos demasiados los que hemos creído las mentiras que nos han contado: que no somos lo bastante buenos, no somos lo bastante inteligentes, no somos lo bastante talentosos, sencillamente no somos suficiente. Una de las facetas de Dios que lo hace extraordinario es su capacidad de hacer lo imposible por medio de personas comunes y corrientes como tú y yo. Este libro tiene una intención: sea que pierdas o ganes, tengas éxito o fracases, vivas una vida de celebridad o de anonimato, que cuando des tu último aliento, sepas sin reservas que has dado todo lo que tienes, todo lo que eres, a la vida que se te ha confiado.

Cuando mis hijos eran pequeños, teníamos un dicho familiar. Bien, era en realidad más parecido a un mantra. En los momentos en que ellos estaban cansados y desalentados o se sentían inadecuados para la tarea, decíamos: "Los McManus nunca se rinden".

Quizás mientras estás pasando las páginas de este libro, sepas en tu interior que abandonaste tu mejor vida hace mucho tiempo. Dejaste de creer que Dios haría grandes cosas en tu vida. Quizá has dejado de creer que mañana puede ser mejor que hoy. Tal vez hayas renunciado al amor, a la esperanza, al gozo o al significado. Sea lo que sea que antes creías profundamente, de algún modo las dificultades y la pesadez de la vida lo robaron de tu alma. Pensaste que Dios se dio por vencido contigo, pero en lo profundo de tu ser sabes que fuiste tú quien se dio por vencido con Dios.

¿Es posible que el fracaso sea simplemente el resultado de rendirse demasiado pronto? ¿Es posible que nuestro fracaso más trágico sea darnos por vencidos con nosotros mismos? Esa es la paradoja de nuestro viaje espiritual. Cuando ponemos nuestra total confianza en Dios, eso sitúa sobre nosotros mayor responsabilidad, no menos.

Incluso cuando la victoria es del Señor, seguimos siendo llamados a ser los guerreros en medio de la batalla.

Debería sacudirte hasta la médula que Dios quisiera dar al rey Joás una victoria completa y que lo único que necesitaba que el rey hiciera era golpear una flecha cinco o seis veces, hasta que se le dijera que se detuviera. Lo único que Dios buscaba era alguien que no se rindiera. Tal vez lo único que Él necesita es alguien que se niegue a rendirse.

¿Es posible que Dios esté esperando para hacer más de lo que podríamos pedir o imaginar, y esté buscando por toda la tierra alguien que se niegue a conformarse? Tal vez sea tiempo de que tú recojas tu arco, agarres tus flechas, y comiences a golpear. Después de todo, ¿qué caso tiene que guardes tus flechas? No puedes llevártelas contigo cuando hayas dado tu último aliento. Tienes una sola vida para utilizar todo lo que se te ha confiado, por lo que bien podrías no guardar nada para la próxima vida.

3

ESCOGE EL FUTURO

En el 1958 Alby Cardona debió haber sentido el peso del mundo sobre sus hombros. Apenas tenía veinte años de edad, y tenía dos hijos menores de dos años y un esposo alcohólico del que tuvo que huir para encontrar seguridad. Aprovechando al máximo sus circunstancias, encontró un empleo en el hotel InterContinental en las afueras de la capital de El Salvador. Trabajó como recepcionista del restaurante en lo que en aquella época era un hotel de primera categoría, y después de trabajar durante interminables horas, llevaba a casa unos cien dólares al mes.

Esa no era la vida que ella había esperado, ni tampoco la vida que ninguna otra persona hubiera esperado para ella. Hermosa y brillante, ella había pensado que su límite era el cielo. Entonces, en un giro inesperado, a los dieciséis años de edad se enamoró de su profesor de idiomas en la escuela privada a la que asistía, y poco después se casó con él.

A primera vista lucían como la pareja perfecta. Él era elegante y brillante, y hablaba varios idiomas. Parecía ser la persona perfecta para ella. Como podrás imaginar, se casaron en contra de los deseos de los padres de ella, pero frecuentemente ese tipo de decisiones es difícil de entender hasta que se abre el telón para dejar expuesto que suceden muchas más cosas. Con frecuencia, las personas nos perciben corriendo hacia algo cuando, de hecho, estamos corriendo de algo más. A los dieciséis años de edad, mi mamá vio el matrimonio como su única vía de escape de una vida familiar que se volvió insostenible para ella. Siempre había amado a sus padres, pero se crió en una época diferente, en la que el rigor con frecuencia cruzaba la línea de la severidad. Desgraciadamente, se encontró pasando de una situación difícil a una peligrosa. Sus padres eran estrictos, pero pronto descubrió que era inseguro estar con su esposo. Evidentemente, mi papá era un hombre brillante y maravilloso excepto cuando comenzaba a beber. Era un alcohólico abusivo, y mi mamá rápidamente se convirtió en víctima de violencia doméstica.

Una mañana, mientras Alby estaba trabajando en el restaurante, un hombre de negocios que dijo que trabajaba para Pan Am se acercó a ella coqueteando un poco. Notó que ella era muy atractiva, y que se vería estupenda vestida con un uniforme de Pan Am. Si sabes algo de la historia de Pan Am, esa línea aérea era conocida por sus hermosas azafatas y su alto compromiso con el aspecto y la belleza. Él le dijo que si estaba interesada en convertirse en azafata de Pan Am, debería ir a verle a su habitación del hotel en el séptimo piso. Ella fue educada, pero no tenía intención de aceptar su oferta. Supuso que no era otra cosa sino una excusa, y que sencillamente estaba intentando seducirla con esa oportunidad.

Varias horas más tarde, cuando el día se acercaba a su fin, una de sus amigas pasó por el restaurante. Alby, sorprendida al verla, le preguntó qué estaba haciendo allí en su día libre. Ella respondió con entusiasmo: "¿No te has enterado? Pan Am está aquí haciendo entrevistas para conseguir nuevas azafatas. Están haciendo entrevistas en el séptimo piso".

En ese momento, mi mamá entendió que había interpretado mal las intenciones del hombre, y que quizá la oportunidad más importante de su vida estaba a punto de alejarse. Fue rápidamente al séptimo piso, donde el ejecutivo de Pan Am ya había recogido y se iba de la habitación. Cuando él la vio, dijo que pensó que ella no tenía interés en el trabajo. Ella respondió que estaba muy interesada. Todas las hojas de solicitud ya habían sido llenadas, de modo que él sacó varias hojas de papel en blanco y simplemente le dijo que las firmara y que él se ocuparía del resto.

Antes de que pudiera darse cuenta, ella había recibido una oferta de Pan Am. Lo que le ofrecían era una nueva carrera en un nuevo país, pero ella sabía que era más que eso: era un nuevo futuro y una nueva vida.

Los padres de mi mamá eran fuertemente patriarcales. No había manera alguna en que ella pudiera tomar esa oportunidad sin la aprobación de su padre. No importaba que ella ya estuviera casada, no estuviera en la casa, y que fuera independiente. En la cultura latina, seguía siendo necesario el permiso del Don. Ella ciertamente necesitaría la ayuda de sus padres si quería aprovechar la oportunidad de crear un nuevo futuro no solo para sí misma, sino también para sus dos hijos. Su madre estaba más que dispuesta a ocupar el lugar de cuidar de sus hijos hasta que ella pudiera llevarlos a los Estados Unidos, pero su padre estaba firme en que ella no tenía que salir del país, y que no la apoyaría en esa nueva empresa. Su desaprobación significaba que ella carecería de los recursos económicos para mudarse a los Estados Unidos y comenzar una nueva vida.

Por lo que ella podía ver, ese obstáculo era insuperable, hasta que un día mientras estaba en el trabajo, el chef que dirigía el restaurante preguntó si ella iba a aceptar la oportunidad con Pan Am. Ella le explicó que aunque quería seguir ese nuevo reto, sencillamente no era posible. Ella no podía financiar su mudanza desde El Salvador hasta Miami por sí misma y, por lo tanto, tendría que dejar pasar esa oportunidad.

El chef había llegado a interesarse por aquella joven que trabajaba tan duro. Él era de Suiza, y para él hubiera sido fácil ser un observador en las batallas de las personas que le rodeaban, en lugar de involucrarse él mismo en sus vidas. Pero cuando escuchó su historia, le dijo que necesitaba irse; que necesitaba correr el riesgo de dejar todo lo que conocía y adentrarse en lo nuevo desconocido.

Para sorpresa de ella, la próxima vez que se vieron el uno al otro, él le entregó una cartera con 250 dólares, que para ella suponía el salario de más de dos meses. Él le entregó ese regalo y le dijo: "Ahora necesitas irte". El dinero que él le dio tenía un valor mucho mayor que 250 dólares. Su mayor valor no estaba en la divisa; el regalo que le hizo fue mucho más profundo que eso. Ese hombre se convirtió para ella en la voz que le dio permiso para dejar atrás su pasado e irse para crear un futuro mejor.

Cuando mi mamá se subió a ese avión y nos dejó a mi hermano y a mí en los brazos de nuestros abuelos, podría haber parecido que nos estaba dejando atrás. Pero ella no nos estaba abandonando;

se iba *por* nosotros. Ella prendió fuego a su pasado para así poder crear un nuevo futuro. Tras dejar El Salvador, mi mamá vivió en Miami, San Francisco y Nueva York. Recuerdo que cuando era un niño pequeño señalaba a los aviones y decía: "Allá va mi mamá".

Yo encuentro que muchos de nosotros seguimos anhelando un nuevo futuro mientras nos aferramos al pasado. Queremos desesperadamente que Dios cree algo nuevo para nosotros, pero nos negamos a permitirle que nos arrebate todo lo viejo. En cierto modo creo que no es incidental que el nombre de mi mamá, Alby, signifique literalmente "amanecer". Ella ha tenido muchas noches oscuras, pero en cierto modo siempre se encuentra levantándose cuando llega la mañana. Confesaré que no fue fácil para mí de niño entender muchas de las decisiones que ella necesitó tomar; sin embargo, lo que he aprendido de ella es que si vives en el pasado, mueres a tu futuro.

DESPÍDETE DE TU PASADO

Si no somos cuidadosos, nuestro futuro será simplemente una extensión de nuestro pasado. Existe un efecto dominó natural desde los momentos detrás de nosotros hasta los momentos delante de nosotros. Sin embargo, solamente cuando la vida es menos perturbadora sí disfrutamos de este tipo de predictibilidad y continuidad. Pero los momentos que realmente nos definirán, los momentos que llevarán el mayor peso en nuestras vidas, los momentos que crearán para nosotros el futuro que siempre hemos deseado, no son esos momentos que se integran fácilmente a nuestro pasado, sino en cambio los momentos perturbadores, los momentos en que debemos escoger entre extender nuestro pasado y crear nuestro futuro. El profeta Eliseo entendía muy bien esto.

Mucho antes de la escena de golpear las flechas que vimos anteriormente, antes de que Eliseo hubiera comenzado su carrera profética, estaba teniendo lo que yo imagino que era un día muy parecido a cualquier otro día, arando sus campos con sus bueyes. Él estaba siendo fiel a la vida que le había sido dada. Quizá solamente en sus pensamientos más profundos y sus deseos secretos se imaginaba que su vida cambiaría alguna vez. Entonces, en la tarde, todo cambia para él. Cuando Eliseo tiene el sabor del polvo en su boca y está lleno de sudor y sintiendo el agotamiento que proviene del trabajo manual, el anciano profeta Elías llega hasta él inesperadamente y lanza su manto sobre él como un símbolo de que él lo ha escogido, o más precisamente de que Dios lo ha escogido para ser su siguiente profeta.

Eliseo deja los bueyes y corre tras Elías, y entendiendo todas las implicaciones de lo que acaba de suceder, le ruega: "Permítame usted despedirme de mi padre y de mi madre con un beso... y luego lo seguiré".

Elías responde de una manera en cierto modo oscuro y evasivo, diciéndole: "Anda, ve... Yo no te lo voy a impedir".[1] Elías no explica nada. Meramente pone el manto sobre Eliseo y se aleja caminando.

Existe un paralelismo entre lo que Elías no le dice a Eliseo aquí, y lo que Eliseo no le dice al rey Joás en la historia de golpear las flechas que ya hemos visto.[2] El punto importante a no pasar por alto aquí es que nadie puede decirte cuál es tu futuro. Tú tienes que decidir qué futuro quieres, qué futuro perseguirás, qué futuro debes crear.

Para Eliseo, este es un momento decisivo en el que deja su pasado para salir y encontrar su futuro.

Tras haberse despedido de su padre y de su madre, literalmente prende fuego a su pasado. Toma su yunta de bueyes y los mata. Corta en pedazos la madera del arado, y los utiliza para cocinar la carne. Distribuye la carne entre todo el pueblo, y ellos comen y celebran. Entonces, cuando todo lo que él solía tener es solamente polvo y cenizas, se prepara para seguir a Elías y así convertirse en su sirviente.

Para Eliseo, aquello no fue un giro del mal al bien o de la maldad a la bondad, sino más bien desde la vida que él tenía hasta la vida que le ofrecían. El acto radical de Eliseo era a la vez su declaración y su determinación de que no había vuelta atrás. Si en unas cuantas semanas o meses, o incluso años, las cosas no salían como él había esperado, si Elías no demostraba ser un hombre digno de seguir, o si el futuro llegaba a ser más difícil de lo que él había imaginado, no había nada a lo cual regresar. No había arado ni bueyes esperándole en casa, ninguna vida previa esperando a que retomara lo que había dejado. Aparte de un recuerdo, el pasado ya no estaba a su disposición. Él tenía una sola dirección: hacia delante.

Mientras tengamos un plan de contingencia para ir hacia atrás, entonces hacia atrás es adonde nos encontraremos yendo al final. Para demasiados de nosotros, nuestro plan B es regresar a la vida que nunca quisimos desde un principio. ¿No es eso exactamente lo que le sucedió a Israel cuando finalmente habían encontrado su liberación de Egipto? Ellos clamaron a Dios para ser libres y después se quejaron a Él cuando obtuvieron su petición. Lo que querían era ser liberados de Egipto, y luego más adelante lo único que querían era ser devueltos a Egipto otra vez.

Si la esclavitud sigue siendo una opción, nos encontraremos abdicando a nuestra libertad. Sencillamente, por lo general no lo llamamos esclavitud. Lo llamamos seguridad. Lo llamamos comodidad. Lo llamamos responsabilidad.

No estoy diciendo que no deberías tener un plan B, o un plan C, o un plan D. Lo que estoy diciendo es que todos tus planes alternos necesitan estar orientados hacia el futuro, y no atascados en el pasado. No es que quienes se conforman con menos no quieran más para sus vidas; es que quieren el "más" donde están, y no están dispuestos a ir hasta donde el "más" les está esperando. Sin embargo, una y otra vez descubrimos que Dios nos empuja, y nos fuerza a decidir.

Mientras Abraham seguía estando en Mesopotamia, Dios le habló y le dijo: "Deja tu tierra y a tus parientes... y ve a la tierra que yo te mostraré".[3] Uno de los temas ineludibles de la Escritura es que no podemos agarrarnos del futuro si seguimos aferrados al pasado. Esto es en algunos aspectos una paradoja a la que somos llamados como seguidores de Cristo. Un acontecimiento singular en la historia lo cambia todo para el futuro de la humanidad. Lo que Jesús hizo hace dos mil años es un llamado a no vivir en el pasado, sino a crear el futuro. De hecho, esta es la narrativa central de lo que significa ser un seguidor de Jesús.

Lucas nos cuenta que Jesús tuvo una serie de encuentros cuando sus discípulos y Él iban por el camino:

Alguien le dijo:

—Te seguiré a dondequiera que vayas.

—Las zorras tienen madrigueras y las aves tienen nidos —le respondió Jesús—, pero el Hijo del hombre no tiene dónde recostar la cabeza.

A otro le dijo:

—Sígueme.

—Señor —le contestó—, primero déjame ir a enterrar a mi padre.

—Deja que los muertos entierren a sus propios muertos, pero tú ve y proclama el reino de Dios —le replicó Jesús.

Otro afirmó:

—Te seguiré, Señor; pero primero déjame despedirme de mi familia.

Jesús le respondió:

—Nadie que mire atrás después de poner la mano en el arado es apto para el reino de Dios.[4]

Con esa última referencia al arado, Jesús parecía estar aludiendo a Eliseo. Con diferentes matices, le dio a cada uno de sus seguidores potenciales la misma respuesta: prende fuego a tu pasado. *No puedes seguirme hacia el futuro si estás aferrado a tu pasado.* Para ser claros, puede que haya cosas de tu pasado que vayan contigo al futuro; simplemente tienes que dejar atrás tu pasado y a quienes deciden quedarse allí.

ADONDE VA LA VIDA

Pedro siguió a Jesús a su futuro, y su hermano Andrés estuvo a su lado. Juan hizo lo mismo, y su hermano Jacobo estuvo siempre a su lado; llegaron a ser conocidos como los "hijos del trueno". Siempre es más difícil hacer solo el viaje hacia el futuro, y siempre es mejor cuando puedes hacerlo con quienes también han escogido lo mismo. A veces tienes que dejar a quienes son parte de tu pasado para así poder crear un futuro también para ellos. Aún así, algunas veces tienes que despedirte. Ha habido veces en que yo me he aferrado a mi pasado durante demasiado tiempo, y lo he tratado como si fuera mi futuro. En algunas ocasiones se trata más de las cosas que no puedes soltar, y otras veces se trata de las cosas a las que pareces no poder aferrarte. Sería mucho más fácil si Dios nos encontrara en un vacío. Sería mucho menos complicado si nuestras vidas no estuvieran ya llenas y enredadas en nuestro pasado cuando Dios nos llama a futuros nuevos.

Cuando yo llegué a la fe, tenía unos veinte años de edad, y llevaba saliendo dos años con la misma persona. Ella era una mujer maravillosa que probablemente no debió haber salido conmigo. Durante los dos primeros años de nuestra relación, ella era la persona de fe y yo era quien no tenía nada de fe. Ella asistía a la iglesia regularmente y vivía una vida que era admirable e inspiradora incluso para mí. Ella siempre quería que yo creyera, pero en realidad no sabía cómo llevarme hasta ese punto.

Entonces, inesperadamente, tuve un encuentro transformador con Jesucristo que lo cambió todo para mí. Al principio ella estaba emocionada de que pudiéramos compartir juntos nuestra fe. Lo que la agarró fuera de guardia fue cuán intensa se volvió mi fe muy rápidamente. Ella era una buena persona con una fe sincera, pero de baja temperatura. Ya conoces la vieja frase: "Ten cuidado con aquello por lo que oras". Sé que ella oraba para que yo conociera a Dios, y también sé que fue mi encuentro con Dios lo que finalmente puso fin a nuestra relación. Estuvimos saliendo durante otros dos años, intentando encontrar un nuevo ritmo en nuestra relación. De manera extraña, había sido más fácil para nosotros salir cuando yo no creía.

Yo nunca he sido una persona moderada cuando se trata de convicciones. O estoy en ello por completo o no estoy. En las áreas que importan realmente, la moderación no es una opción para mí. Tras cuatro años de nuestra relación, estábamos en un estacionamiento en la Universidad de Carolina del Norte en Chapel Hill. Podíamos sentir que nuestra relación se desentrañaba. Nunca olvidaré lo exasperada que ella estaba cuando me miró y dijo: "Tengo la sensación de que yo lo intento y tú no. Estoy intentando llegar a una concesión, y tú no pareces dispuesto". Entonces hizo la pregunta que lo aclaró todo para mí. Dijo: "Sé que el mundo necesita a Jesús, pero ¿por qué tienes que ocuparte tú de esa responsabilidad? ¿Por qué no puedes quedarte a medio camino? ¿Por qué no puedes hacer concesiones en esto?".

Fue entonces cuando supe que aunque teníamos un pasado juntos, no teníamos un futuro. Sentí mucha tristeza cuando entendí que ella tenía toda la razón. Y al estar allí en el estacionamiento, la miré por última vez y dije: "Tienes razón. Has estado intentando hacer concesiones, y entiendo que yo en esto no puedo hacerlo. No puedo quedarme a medio camino. No puedo hacer ninguna concesión. Es aquí donde está mi vida ahora, y es adonde va mi vida".

Cuando me alejé aquel día, supe que acababa de prender fuego a mi pasado. Francamente, no es fácil alejarse de una persona a la que quieres, y es igualmente difícil alejarse de alguien que te quiere. Quizá esta es una de las mayores razones por la que muchos de nosotros nos conformamos con menos. No creemos que haya amor esperándonos en el futuro. Tenemos miedo a que si dejamos algo atrás en nuestro pasado, no haya algo mejor esperándonos en el futuro.

Siempre me he sentido incómodo con las palabras de Jesús cuando se dirigió a la multitud y les dijo: "Si alguno viene a mí y no sacrifica el amor a su padre y a su madre, a su esposa y a sus hijos, a sus hermanos y a sus hermanas, y aun a su propia vida, no puede ser mi discípulo".[5] Jesús nunca estuvo incómodo con la hipérbole, y de hecho entendía que el lenguaje de la exageración sería necesario para que entendiéramos el costo extremo de seguir la vida a la que Él nos llamaba. Jesús escogió este lenguaje para crear una comprensión visceral de lo que significa amar a Dios con todo nuestro ser. Es ineludible que te verás forzado a escoger entre Dios y todo lo que te importa. Lo que Él dice es que hay personas en tu vida que te mantendrían atrapado en el pasado, y tienes que estar dispuesto a soltarlas para así poder avanzar hacia tu futuro.

A veces, sin embargo, no son las personas quienes nos mantienen en el pasado; es nuestro propio sentido de identidad.

EL FUTURO DEL ÉXITO

El pasado es algo más que lo que hemos hecho o dónde hemos estado; es quiénes somos. Eliseo era granjero. Eso es lo que él sabía. Él era bueno en eso. Era su éxito garantizado. La vida a la que fue llamado estaba cargada de incertidumbre, inestabilidad, e incluso peligro.

Hay una sutil diferencia entre que tu identidad esté arraigada en tu esencia y que tu identidad esté arraigada en tu éxito. Lo que haces viene de quién eres, pero quién eres debe existir aparte de lo que haces. Si tu identidad está arraigada en tu éxito, entonces perderás quién eres cuando el fracaso llegue a tu camino.

Recientemente, tras hablar en una conferencia, me invitaron a participar en una entrevista en directo. Me preguntaron cómo había manejado el éxito ahora que había sido invitado a hablar en esa conferencia. (Es divertido cómo, incluso cuando decimos que creemos en el carácter por encima del talento y en la fidelidad por encima de lo espectacular, sigue existiendo una creencia no muy sutil de que hablar ante miles de personas es lo que valida mi vida, y no las decisiones que tomé y que la mayoría no vio). Le dije al entrevistador que pensaba que yo era exitoso cuando era totalmente desconocido y trabajaba solo con un puñado de personas, y que nunca veía la medida de mi éxito como hablar en grandes auditorios o conferencias.

El éxito es un tirano que te esclavizará tan rápidamente como el fracaso. Si permites que el éxito te posea, te encontrarás atrapado por tu éxito, y aterrado por la posibilidad del fracaso. El éxito te mentirá y te dirá que tu futuro es tan solo una extensión de tu pasado, cuando en el mejor de los casos, el éxito es simplemente preparación para nuevos desafíos. Cada día tendrás que escoger entre vivir en el pasado, permanecer en el presente, o crear un futuro. El gran peligro radica en que el camino fácil es aferrarte a lo que conoces, aferrarte a lo que tienes, y hacer del futuro una extensión del pasado. Aunque no hay manera alguna de detener el tiempo, tienes que escoger el futuro. Aunque estés arraigado en el pasado, no debes estar arraigado *por* el pasado. Y aunque el mañana llegará independientemente de lo que hagas, el futuro llega *debido a* lo que haces.

Hace más de una década, cuando escribí *Chasing Daylight* [Persiguiendo la Luz del Día],[6] descubrí que una de las cosas más obvias que escribí se convirtió en una de las más controvertidas, pero creo que vale la pena repetirlo. Lo más espiritual que harás hoy es escoger. Y te des cuenta o no, cada elección que haces tiene un efecto en tu futuro. De hecho, las decisiones que tomas son el material del cual está hecho el futuro. Si tus mejores futuros pueden ser conocidos solo en la mente de Dios, entonces cuán crucial es que oigamos su voz y prestemos atención a su llamado. Dios nunca nos llama al pasado; Él siempre nos llama al futuro. Cuando nos llama a que lo escojamos a Él, nos está llamando a escoger también el futuro. Este proceso es mucho más doloroso de lo que las palabras pueden describir. A veces el futuro demanda todo en nosotros y todo de nosotros. Todos nos encontraremos en algún punto en nuestras vidas en que nos pidan que pongamos sobre un altar todo lo que conocemos, con tan solo una promesa de un futuro que no conocemos. Y como a todo sacrificio después de que se ha construido el altar, tenemos que prenderle fuego. No es distinto cuando el futuro nos llama. Es en ese momento cuando tenemos que prender fuego a nuestro pasado para recibir un futuro que nos espera.

4

PRENDE FUEGO A TU PASADO

En el 1977 nuestro hogar familiar en Raleigh, Carolina del Norte, se vio inmerso en un incendio eléctrico que consumió todo lo que había dentro, y nos dejó como casa un cascarón hueco. Nunca olvidaré el olor del humo después de que el fuego destruyó todo lo que considerábamos valioso. Tampoco olvidaré nunca lo que vi sobre la repisa de nuestra chimenea porque allí, los trofeos que habían adornado nuestra sala familiar eran ahora pedazos indistinguibles de metal fundido. No fue una gran tragedia que todos mis trofeos de participación se perdieran. Fue más serio que todos los increíbles galardones de mi hermano, que una vez fueron los símbolos de honor y celebración de nuestra familia, quedaron fundidos juntos.

Yo observaba a mi mamá mientras ella lamentaba nuestra pérdida, y no dejaba de repetirle una y otra vez a mi hermano: "Los arreglaremos. Los arreglaremos. Encontraremos un modo de remplazarlos".

Mi hermano parecía extrañamente indiferente. No recuerdo exactamente lo que él dijo, pero recuerdo la idea que se quedó conmigo: *Si esos trofeos son lo más destacado de nuestras vidas, entonces no valió la pena vivir nuestras vidas, avanzando.* Aquellos trofeos eran el pasado, y sería una pérdida de nuestro tiempo y esfuerzo intentar reclamar el pasado. Sería mucho mejor para nosotros enfocarnos en crear el futuro.

He visto a demasiadas personas vivir en las glorias de sus éxitos pasados. A veces, eso es lo único de lo que pueden hablar. Están atrapados en el año 1976, o 1988, o 1994. Por lo tanto, de manera extraña estoy agradecido por ese cortocircuito detrás del refrigerador. Si yo hubiera tenido alguna inclinación a vivir en el pasado, ese momento le puso fin. Quizá, en el cuadro general de las cosas yo no había aprendido aún a prender fuego a mi pasado, y sin embargo con aquellas cenizas comencé a crear un futuro nuevo y mejor. Mi futuro no sería una extensión de mi pasado. Mis arados y mis bueyes ya no estaban, y era momento de avanzar hacia un futuro nuevo.

Algunas veces, prender fuego a tu pasado significa liberarte de las expectativas de otros. Con demasiada frecuencia vivimos nuestras vidas siendo lo que otros quieren que seamos, en lugar de ser quienes estamos supuestos a ser. Existe una diferencia, desde luego, entre prender fuego al pasado y quemar puentes. Es peligroso quemar puentes que podríamos tener que volver a cruzar. El consejo de la Escritura de estar en paz con todos los hombres en la medida de lo posible es la mejor postura con la cual vivir nuestras vidas. Por lo tanto, antes de seguir avanzando permíteme hacerte esta advertencia: ten cuidado con dónde prendes fuego. Quemar puentes se trata de prender fuego a otras personas, lo cual no es recomendable. Este capítulo habla de quemar todo lo que debería quedarse en tu pasado, y no ser trasladado a tu futuro.

JUGAR CON FUEGO

Scott Reynolds ha sido amigo mío por más de veinte años, y he tenido el privilegio de ver la evolución de su vida como persona y de su vida como profesional. Scott es un gran esposo y un padre estupendo, y no hay una familia mejor para tomar como ejemplo. Cuando las personas conocen a su esposa, Amy, y a sus hijos, Zane y Audrey, son atraídos de inmediato a la calidez y bondad de su familia tan unida. A otros incluso podría agarrarles un poco fuera de guardia cuando se enteran de que Scott ha sido el productor y guionista de programas como *Puño de Hierro* y *Jessica Jones*, de Netflix, y *Dexter*, de Showtime. Es difícil imaginar que su camino en la profesión comenzó como ayudante de guionista en *Tocado por un Ángel*, y sin embargo Scott podría no haber vivido nunca su galardonada carrera como guionista si no hubiera prendido fuego a su pasado.

En lo que debió haber parecido otra vida, Scott era estudiante en una pequeña universidad cristiana en Tennessee. Fue en aquel día tan importante en que posibles alumnos visitan la universidad con sus padres cuando Scott decidió provocar un incendio, literalmente, y reducir a cenizas su carrera universitaria. Había una valla que lo separaba de los padres que llegaban y los estudiantes de cuarto año de secundaria, y Scott decidió prender fuego a la valla y gritar desde el otro lado: "¡Socorro! ¡Sáquenme de aquí! Estoy atrapado en un infierno". Eso podría haber sido un anuncio de su próxima carrera como guionista en *Dexter*. *Dexter*, para quienes no lo sepan, era una serie sobre un asesino en serie cuya brújula moral le permitía matar solamente a asesinos en serie. Lo cierto fue que sus actos aquel día lo situaron en el camino para ser expulsado. Conociendo a Scott, yo diría que él podría haber decidido que la broma era lo bastante divertida para arriesgarse a las consecuencias. Pero fuera de manera consciente o inconsciente, él quedó realmente atrapado y tomó la decisión de quemar un puente al cual no podría regresar nunca.

No estoy recomendando que prendas fuego a tu pasado literalmente. Dejemos eso para los Scott Reynolds del mundo. Pero igual que Scott, si quieres una vida diferente tienes que renunciar a la que tienes. Hay cosas e incluso personas que tendrás que dejar atrás si vas a seguir avanzando. Lo maravilloso es que nunca tienes que dejar atrás a las personas que quieres y que te apoyan. Con bastante frecuencia los recursos del pasado proveen el material para construir el futuro, pero tienes que dejar atrás esas cosas que amas e incluso personas que te importan, y que te mantendrían atrapado en el pasado y te robarían el futuro que Dios tiene para ti.

Pero ten cuidado mientras pretendes prender fuego a tu pasado, que no sea realmente tu futuro el que estás quemando hasta las cenizas. Prender fuego a tu pasado no se trata de conducta autodestructiva. De hecho, en realidad es lo contrario. Se trata de tomar las decisiones difíciles de dejar atrás aquello que te robaría el futuro que Dios quiere para ti.

El viaje hacia nuestro mejor futuro siempre pasa por el horno de fuego. El fuego nos forja para que seamos quienes debemos llegar a ser, y también nos libera para que vivamos la vida para la que

fuimos creados. Esto, desde luego, nos conduce a una advertencia importante: no confundamos prender fuego a nuestro pasado
con quemar puentes que puede que necesitemos cruzar algún día.
Eliseo hizo de su pasado un altar como una ofrenda a Dios. Fue
su manera de decir: "Nunca volveré atrás del llamado que tú has
puesto en mi vida". Por doloroso que pueda ser, habrá veces en que
dejamos atrás personas y oportunidades que nos importan profundamente. Quemar puentes es una cosa diferente. Quemamos
puentes cuando damos por sentado a las personas, y degradamos
su valor en nuestras vidas.

Asegúrate siempre de hacer lo correcto de la manera correcta.
Prender fuego a tu pasado no es lo mismo que escoger una estrategia de tierra quemada. Se trata de soltar aquellas cosas que tienen
control sobre ti. No pierdas de vista el hecho de que solo porque
sea momento de avanzar, las cosas del pasado no tuvieron un gran
valor para ese momento en tu vida. Aprecia el pasado, pero vive en
el presente y para el futuro.

Estaba sentado con uno de mis mejores amigos en mi auto fuera de
mi casa. Tuvimos una de esas largas conversaciones que probablemente no duró tanto como pareció. Él estaba utilizando lenguaje
velado, pero sus intenciones eran claras. Tras más de treinta años
de matrimonio, y casi tanto tiempo como pastor, él seguía hablando sobre su futuro como si fuera una elección entre su libertad y su
carácter. Yo podía escuchar entre cada palabra que él ya había decidido en su corazón dejar a su esposa. Intentaba justificar que nunca
podría cumplir sus sueños, alcanzar su potencial, e incluso ser el
líder que Dios quería que él fuera si no podía ser libre para volver a
comenzar. Aunque lo negaba repetidamente, el tiempo reveló que

él ya había establecido una relación inapropiada con otra mujer. E incluso cuando se demostró que eso era cierto, él se seguía sintiendo totalmente justificado, e incluso incrédulo de que cualquiera de nosotros pudiera estar en contra de sus decisiones. La tragedia, por supuesto, es que sus decisiones causaron mucho dolor a muchas personas, y al final no le dieron la vida que él deseaba.

He visto a demasiadas personas que me importan y que terminan tomando decisiones que los sitúan como Nerón prendiendo fuego a Roma. El futuro de Dios nunca llegará a nosotros a costa de nuestro carácter. Esta persona a la que yo antes respetaba mucho cometió el trágico error de dejar en su pasado lo que debió haber sido su futuro, y hacer de su futuro lo que debió haber sido su pasado. Él decidió quedarse con lo que nunca fue suyo, y dejar atrás lo que se le había confiado. Por lo tanto, voy a ser claro: Eliseo tomó el arado y los bueyes, y construyó un altar. Prendió fuego a lo que ya no debía mantener, y no lo hizo para crear un futuro que él mismo construyó, sino para permitirse recibir el futuro que Dios estaba creando para él.

EL FUTURO DEL PASADO

A veces, prender fuego a tu pasado es menos alejarte de él, que elevarte por encima de él.

Durante los diez últimos años, mi esposa Kim ha hecho viajes a Bangladesh, uno de los lugares más pobres, peligrosos y oscuros en todo el mundo. Nuestra hija Mariah también ha ido con ella a unos pocos de esos viajes. El primer viaje de Mariah a Bangladesh fue cuando ella tenía solamente diecinueve años de edad. Admitiré desde este momento que yo ya me sentía bastante incómodo con que mi esposa fuera a Bangladesh con un equipo de mujeres; y fue incluso más difícil para mí cuando fue mi hija, liderando ella misma un equipo de muchachas jóvenes. Fueron a un lugar conocido como Banishanta, que esencialmente no es otra cosa que una aldea construida alrededor de un inmenso número de prostíbulos en el puerto. Existe básicamente una forma de comercio, una fuente de ingresos: la prostitución. Si eso no fuera lo bastante malo, Banishanta está rodeado por la pobreza y la violencia por las cuales ha llegado a conocerse Bangladesh. Desde la década de 1970, hasta treinta millones de personas han sido desplazadas, han desaparecido, o han sido asesinadas. Parece que el tráfico de seres humanos o bien existe en la clandestinidad, o queda encubierto por una cruel indiferencia.

Kim y Mariah se enamoraron de las mujeres que dirigían una obra en particular conocida como Alingon. Por medio del hogar Alingon, se ha salvado de vidas de prostitución y abuso a un pequeño número de muchachas. No es algo en lo que pensamos a menudo, pero las prostitutas tienen hijos, y cuando esos hijos son muchachas, se convierten en mercadería en el mundo del tráfico de seres humanos. Esas muchachas son criadas básicamente para el mercado del sexo: nacidas de la prostitución, nacidas para la prostitución. El problema es tan grande, tan abrumador, que podría causar que la mayoría de las personas que se interesan sientan que no se puede hacer nada, pero una madre y una hija decidieron que harían cualquier cosa que pudiera hacerse.

Antes de conocer a Rose Mary Banerjee y su hija mejor, Maryline Banerjee Rimpa, yo tenía algunas suposiciones sobre la razón por la cual hacían lo que hacían. Nunca cuestioné la nobleza de su misión o la integridad de su intención, pero suponía que, contrario a Kim y Mariah, podían entrar y salir de esos mundos. Bangladesh era el único mundo que Rose Mary y Maryline conocían. Pero cuando conocí a Rose Mary, me di cuenta de que ella era una mujer muy inteligente que fácilmente podría haberse ido de Bangladesh y haber escogido una vida diferente, ya que tenía familia en el otro extremo del mundo. Le pregunté por qué decidió quedarse en Bangladesh y, en particular, entregar su vida a Banishanta. Ella fue rápida en responder que sí, podría haber vivido en cualquier otro lugar, pero sabía que al quedarse en su país, podría hacer un bien mayor. Rose Mary es un recordatorio maravilloso de que el camino hacia adelante no es una salida o una vía de escape; es un camino hacia las vidas a las que Dios nos ha llamado.

Debido a Rose Mary y Maryline, actualmente hay decenas de muchachas que están recibiendo educación gratuita, experimentando entornos saludables, y quizá por primera vez en sus vidas, encontrando el poder sanador del amor, la esperanza y la fe. Casi está por encima de mi comprensión que las hijas de prostitutas llegarán algún día a ser maestras, doctoras, y quizá incluso primeras ministras. ¿No sería un interesante giro de la historia si una joven de Banishanta pudiera algún día llegar a liderar su propio país y poner fin a la horrible práctica del tráfico de seres humanos?

Algunas veces, tu futuro te llamará a situarte en medio de tu pasado. La diferencia, desde luego, es que no estás definido por el pasado, esclavizado por el pasado, o mantenido cautivo por el pasado. A veces la única manera de liberar del pasado a las personas es crear un futuro distinto que dé a quienes te rodean la inspiración y la esperanza para prender fuego a su propio pasado.

VIAJAR LIVIANO

Los viajeros experimentados son reconocibles fácilmente por lo poco que llevan con ellos. Las excepciones serían mi esposa y mi hija. Ellas tienen ya mucha experiencia en viajes para saberlo, pero en el mismo viaje al otro lado del mundo en el que he descubierto que lo único que necesito llevar es una maleta pequeña, ellas llevan tanto equipaje que uno pensaría que estábamos de mudanza y no simplemente de visita. Lo más frustrante para mí no es que decidan llevar más equipaje del que podrían necesitar; no es que arruinen mi salida rápida del aeropuerto porque tenemos que esperar una hora a que salga su equipaje; es que sé sin duda que yo seré quien lleve su equipaje por todas las calles, por cada transición, mientras ellas fingen que les importa y se siguen ofreciendo a llevar su propio equipaje. Como siempre, yo declinaré su oferta. Quiero decir, ¿cómo se vería si yo fuera empujando mi pequeña maleta y Kim y Mariah fueran cargando maletas inmensas? En el instante en que yo decidiera hacer eso, alguien al otro lado del mundo nos reconocería, tomaría una fotografía, la pondría en Instagram, y mostraría que soy un esposo y un padre pésimos. Pero lo cierto es que mientras más viajas, más sabes cuán poco necesitas llevar.

Ha habido varias ocasiones a lo largo de los años en que mi equipaje pasó desde una terminal doméstica a una terminal internacional, y yo tenía que pasar por seguridad y otra vez por aduanas para llegar a mi vuelo hasta otro país. A veces tenía que decidir: *¿Busco mi equipaje, o abordo mi vuelo?* Sinceramente, ni siquiera importa lo que llevo en el equipaje. No hay duda. Dejas atrás el equipaje y te subes al avión. Es más importante llegar a donde te diriges que traer lo que llevabas contigo. En un vuelo en particular de Los

Ángeles a Hong Kong con escala en Londres, mi equipaje decidió que estaba mucho más interesado en visitar El Cairo (Egipto).

Cuando fui a recoger mi equipaje en el aeropuerto de Londres para transferirlo al vuelo asiático, no estaba por ninguna parte. No era que mi equipaje estuviera DEC (desaparecido en combate), pues la aerolínea sabía exactamente a dónde fue; resultó que estaba en una parte del mundo completamente distinta a mi destino. Pero no todo quedó perdido. Experimenté un maravilloso ascenso a primera clase y tuve quizá el mejor vuelo de mi vida. La aerolínea proveyó un chef gourmet en el avión, masajes programados, y me regalaron un traje que ponerme, lo cual resultó realmente práctico porque esa fue la única ropa extra que tenía cuando llegué a Hong Kong. Podría haberme quejado todo el día por no tener mi equipaje cuando llegué a Hong Kong, pero lo cierto es que me fue bastante bien sin tenerlo.

Una cosa que he aprendido después de viajar más de un millón de kilómetros por todo el mundo es que te las puedes arreglar bastante bien sin tener todo lo que crees que debes tener. Después de todo, es solamente equipaje, lo cual he descubierto a lo largo de la vida que es lo que la mayoría de nosotros seguimos arrastrando dondequiera que vamos. Actuamos como si nuestras cosas fueran nuestros tesoros, pero no son un tesoro; son solamente equipaje.

Si por ninguna otra razón, es importante prender fuego a tu pasado para liberarte de todas las cosas a las que sigues aferrándote que se siguen aferrando a ti. Y eso no se aplica solamente a las posesiones físicas. Prende fuego a la amargura; enciéndela con perdón y observa cómo se quema. Deja atrás las heridas, deja atrás la traición, deja atrás el desengaño, deja atrás el remordimiento, deja atrás los fracasos; o mejor aún, córtalos en pedazos, conviértelos en un altar, y deja que se quemen. Todas esas cosas son solamente equipaje. Es demasiado peso para transportar, y te aplastará y te retendrá.

Estaba de pie en el vestíbulo de un hotel hablando con un amigo, y aunque nuestra conversación era interesante, la que se estaba produciendo a nuestro lado era mucho más interesante. Comencé a escuchar la historia de un hombre llamado Mark Floyd, quien se convirtió entonces en un nuevo amigo. Él no atrae la atención a sí mismo; luce como si fuera un tipo cotidiano. La falta de "flash" podría cegarte al genio que define a este hombre. Y lo único que podría hacer más difícil ver a ese genio es la cruda valentía que aviva su brillante mente.

Lo que captó mi atención fue que relataba la historia de cuando perdió veinte millones de dólares del dinero de sus inversores. A primera vista, eso podría considerarse un horrible fracaso. Yo soy una persona optimista, de modo que lo primero que pensé fue: *¿Qué tipo de hombre tiene la oportunidad de perder veinte millones de dólares?* Se requiere un gran riesgo y una gran valentía para experimentar una gran pérdida y un gran fracaso, de modo que me quedé intrigado.

Mark tuvo una idea de negocio. Estaba seguro de que era una idea que no podía fallar, y fue tan convincente y persuasivo que encontró inversores que creyeron en su idea y en su capacidad de ejecutar esa idea. Le confiaron su dinero, y él lo perdió todo. ¿Qué harías tú en una situación como esa? ¿Y yo? Yo podría igualmente prenderme fuego o tocar mi violín como Nerón mientras observaba arder Roma a mi alrededor.

Mark hizo lo inesperado. Regresó a esos inversores y les hizo frente. Eso, en sí mismo, requirió una cantidad inmensa de integridad y valentía. Les hizo frente y les dijo que había perdido todo su dinero, pero que tenía un modo de salir adelante. Tenía un modo de prender fuego a su pasado y entrar en un futuro nuevo y mejor. Eso, desde luego, requeriría que ellos le dieran más dinero. Él tenía una idea distinta: una idea mejor, una idea que ellos no podían perderse. Lo único que tendrían que hacer sería confiar en él y en su idea, y él no solo les devolvería todo el dinero que perdió, sino que también obtendrían los beneficios de esa nueva empresa.

No estoy seguro de cuál fue la primera idea. Mark me la ha explicado, pero simplemente no puedo entenderla. La segunda idea, sin embargo, puedo entenderla un poco mejor. La segunda idea era DSL (línea suscriptora digital, por sus siglas en inglés), lo cual tiene que ver con la fibra óptica, sistemas de comunicación, cosas técnicas. Ni siquiera pretendo entender totalmente la DSL; solo sé que ha revolucionado el mundo moderno. Aquellos inversores no solo recuperaron los millones que perdieron, sino que también se fueron con una riqueza inimaginable. Supongo que uno tiene que estar dispuesto a perder millones para ganar miles de millones.

Mark es para mí un recordatorio de que cuando estás ante las cenizas del fracaso, tienes dos opciones: puedes quedarte sentado y revolcarte en tu fracaso, y pasar tu vida marcado por el polvo y las cenizas; o puedes levantarte, sacudirte el polvo, hacer pedazos el arado, crear un altar, prender fuego a tu pasado, y crear un futuro nuevo. Estoy menos impresionado con la genialidad de las ideas de Mark, aunque son ciertamente impresionantes, y mucho más impresionado con la valentía que requirió regresar con quienes habían sido quemados en su pasado y negarse a dejarlos allí, y en cambio llevarlos al futuro que él estaba seguro de que iba a crear.

UNA LISTA QUEMADA

A veces, prender fuego a tu pasado no se trata de afrontar un fracaso específico en tu vida o admitir que tu vida es un fracaso. A veces se tiene la sensación de que la vida te ha fallado. Pero ¿qué haces cuando miras atrás a tu vida y te das cuenta de que un número interminable de malas decisiones te han dejado atrapado y ahogándote en tu fracaso?

Natasha Ray se encontró durmiendo con sus dos hijos en su auto, que estacionó fuera del complejo de apartamentos del que acababan de desahuciarla. Natasha se había mudado recientemente desde Washington, DC, y ahora estaba viviendo en Los Ángeles. En lugar de encontrar la nueva vida que ella esperaba, se encontró sin techo y sin empleo y con dos hijos de quienes ocuparse. Sin embargo, para Natasha, vivir en su auto y asearse en baños públicos era mejor que la vida que había dejado. En cierto modo sabía que eso era un revés temporal. Ella tenía un futuro que perseguir y estaba decidida a no permitir que nada le obstaculizara para llegar hasta ahí.

Meses antes en DC había dejado a un novio abusivo que había pasado doce años en la cárcel. Natasha, que ahora tiene treinta y siete años, había estado con él desde los dieciséis. No puedo imaginar que ella supiera desde tan joven que se estaba comprometiendo a toda una vida de dolor y sufrimiento. Hizo todo lo que pudo para hacer que esa relación funcionara, durante un tiempo conduciendo cuatro horas de ida y otras cuatro de regreso con sus hijos para que ellos pudieran ver a su padre. Ella soportó el abuso físico, su infidelidad y su conducta criminal, convenciéndose a sí misma de que eso era lo que debía hacer. Una parte extraña de la dinámica de recibir abuso es que uno se vuelve dependiente del abusador, lo cual hace que sea difícil encontrar la valentía para crear una vida mejor. Es incluso más difícil cuando lo único que le han dicho a la víctima es que él o ella no es nada, y que nunca será nada.

Pero un mes después de que su novio saliera de la cárcel, Natasha estaba acostada en la cama cuando oyó una voz que gritaba en su cabeza una sola palabra: ¡*Vete!* Ella se subió a su auto, reunió los 2.500 dólares que había podido ahorrar, y con la ayuda de una amiga comenzó a cruzar el país conduciendo desde la capital de la nación hasta la Ciudad de los Ángeles. Me pregunto cuántos de nosotros tendríamos la valentía de conducir literalmente de costa a costa para abandonar la vida que conocíamos, y buscar una vida que solo podíamos esperar.

Sinceramente, cuando llegué a conocer a Natasha, nunca habría imaginado que su pasado estaba lleno de tanto dolor y sufrimiento. Ella es una persona asombrosamente optimista y esperanzada, siempre lista para alentar y animar el día a cualquiera. Natasha trabaja para una franquicia de belleza para hombres única, conocida como Hammer & Nails (Martillo y Uñas). Si ves el programa *Shark Tank* (Negociando con Tiburones), quizá recuerdes el discurso del dueño del salón, Michael Elliot. Aunque él no consiguió en el programa los fondos que esperaba, la exposición pública le permitió encontrar patrocinio para lanzar su visión para que los hombres no tuvieran que entrar nunca más en un salón de belleza para mujeres para arreglarse las uñas.

Irónicamente, para mí fue un comentario inesperado el que me condujo a entrar en Hammer & Nails. Yo estaba dando una conferencia en un evento, en un salón lleno de personas de negocios de alto nivel, la mayoría de las cuales nunca habían pensado en la posibilidad de necesitar a Cristo o incluso creer en Dios. Tras una breve presentación sobre por qué valía la pena que ellos consideraran a Jesús, y una sesión de preguntas y respuestas maravillosamente dinámica y acalorada, una mujer se acercó a mí; la llamaremos Rita. Tras expresar cuán impactante había sido la noche, ella hizo un breve comentario que me agarró totalmente fuera de guardia. Dijo: "Lo que me sorprende es que una persona que presta una atención tan detallada a todos esos aspectos de la vida, preste tan poca atención a sus uñas", y procedió a decirme que yo debería pensar seriamente en ocuparme de ese detalle de mi aspecto.

Sinceramente, me sentí realmente irritado. Yo estaba intentando hablarle sobre las cosas más profundas de la vida, sobre la existencia de Dios, sobre la importancia de Jesús; intentaba ayudarle a encontrar lo que su alma buscaba desesperadamente, y lo único en que ella podía pensar era el hecho de que mis uñas no habían pasado por una manicura. Le di las gracias por su comentario y me fui, sintiendo que ella se había perdido el propósito de la noche. Al día siguiente, tuve este pensamiento: si mi falta de atención a mis uñas fue de alguna manera un obstáculo para que alguien llegara a conocer a Jesús, prefiero humillarme y ocuparme del problema. Simplemente, nunca pareció muy masculino hacerse una manicura, de modo que no puedo expresar cuán agradecido estuve por encontrar un lugar con un nombre tan masculino como Hammer & Nails.

Me encontré otra vez con Natasha porque ella fue quien me hizo la manicura, y mientras escuchaba su historia, entendí que ella era la razón por la cual yo había entrado por esa puerta. Ahí estaba una mujer que había pasado veinte años de su vida en una relación abusiva y tenía que encontrar un modo de criar a sus dos hermosos hijos, Santana y Mateo, a la vez que dejaba atrás un pasado que sin duda alguna pondría en peligro sus futuros, para perseguir la posibilidad de crear una vida mejor para todos ellos. Ahí estaba una mujer que se había quedado sin techo y vivía en su auto, cuya dirección había sido un estacionamiento en Los Ángeles, que había encontrado un empleo como manicurista y después había llegado a ser la directora general de la ubicación original en Melrose, y ahora la han hecho directora nacional de formación para Hammer & Nails. Y además de todo eso, ella ha creado su propia línea orgánica de cuidado corporal llamada Organic Body Society, y desde luego, su empresa es la distribuidora oficial de lociones corporales y exfoliantes para todas las ubicaciones de Hammer & Nails.

Cuando Natasha llegó a Los Ángeles tres años atrás, se hizo un tatuaje en su mano que era simplemente la palabra *libre* dentro de un corazón. Yo le dije: "Me encantaría compartir tu historia con el mundo. Tú eres un ejemplo para mí de lo que significa golpear la última flecha, dar todo lo que tienes, no guardar nada para la próxima vida, decidir vivir sin remordimientos y ser verdaderamente libre". Pero era más específico que eso. Le dije que quería incluir su historia en el capítulo titulado "Prende Fuego a tu Pasado".

Ella dijo: "Se me ponen los pelos de punta. ¿Ese es el título del capítulo?".

Yo dije: "Sí. ¿Por qué importa tanto eso?".

"¿No te dije lo que hice justamente antes de venir a Los Ángeles?".

"No. ¿Qué sucedió?".

Ella dijo que durante su viaje desde el DC a Los Ángeles, pasó con el auto por una reserva india. Me dijo: "De algún modo sabía que necesitaba aprender aceptación y encontrar propósito, y para hacer eso tenía que dejar atrás el pasado". Así que mientras estaba en esa reserva india, ella comenzó un pequeño fuego. En un papel de cuaderno de renglones anchos escribió los nombres de todo y todos los que le habían hecho daño en su vida. Anotó cada dolor que había sentido, cada momento de sufrimiento que había experimentado. Los escribió todos, cada uno de ellos. Y después de haber agotado cada recuerdo doloroso y haberlo escrito entre los márgenes de esas páginas, los echó al fuego. Los quemó para soltarlos. Ella literalmente prendió fuego a su pasado.

Quizá sea eso lo que necesitas hacer en este momento: hacer una hoguera y tomar cada recuerdo que te sigue hiriendo, todo el dolor, todo el remordimiento, toda la amargura y el desengaño, todos los momentos de traición y todo fracaso, y sacarlos de tu corazón y echarlos al fuego. No te lleves tu pasado a tu futuro. No te lo lleves contigo. Tu pasado será tu futuro hasta que hayas tenido la valentía de crear un nuevo futuro.

Cuando el profeta Jeremías estaba al límite, cuando sentía que Dios le había decepcionado, cuando acusó a Dios de engaño y traición, cuando estaba seguro de que Dios le había abandonado y no quería tener nada más que ver con Él, se encontró en una intersección similar. Es en estos momentos cuando corremos mayor riesgo de ser tragados por nuestro pasado y perder nuestros futuros. Es en estos momentos cuando parece haber más dolor que alegría, más sufrimiento que esperanza, más remordimiento que posibilidad. No siempre podemos detenernos y hacer un fuego, pero podemos vivir nuestra vida de tal modo que ese fuego arda siempre en nuestro interior.

Cuando se le dio la opción de vivir en el pasado o avanzar hacia el futuro de Dios, Jeremías expresó las siguientes palabras:

> *Si digo: «No me acordaré más de él,*
> *ni hablaré más en su nombre»,*
> *entonces su palabra en mi interior*
> *se vuelve un fuego ardiente*
> *que me cala hasta los huesos.*
> *He hecho todo lo posible por contenerla,*
> *pero ya no puedo más.*[1]

Hay un fuego que arderá con fuerza en nuestras noches más oscuras, y siempre alumbrará al futuro que anhelamos. Pero lo que debe alimentar ese fuego es el material del ayer que nos alejaría del futuro que nos espera. No sé dónde has estado o lo que has experimentado, y podría ser que para ti el pasado sea como un ancla que te retiene y te empuja hacia abajo. De modo que sin importar cuán oscuro esté, es momento de dejar de mirar atrás y comenzar a mirar adelante. Si quieres encontrar la vida que guiará tu camino, entonces prende fuego a tu pasado.

5

Rehúsa Quedarte Atrás

El día 6 de julio de 2014 recibí un texto inesperado de alguien con quien me había encontrado una sola vez. Don Williams tenía una sencilla pregunta: ¿estaba yo interesado en ir a la final de la Copa Mundial? El texto de la respuesta de este gran seguidor de fútbol fue breve y alegre: "¡Sí!". Entonces me puse al teléfono para descubrir si eso era una broma cruel o quizá un nuevo enfoque de algún timador que se hace pasar por un "príncipe nigeriano". Cuando hablé con Don, él me explicó que su hermano Doug trabajaba en el mercado global de deportes y que mediante las colaboraciones de Doug con Adidas y la FIFA, le habían ofrecido a Don la oportunidad de viajar con Doug a la Copa Mundial. En el último momento Don no podría ir, y eso le llevó a preguntarme si yo estaría interesado en ir en su lugar.

Si recuerdo correctamente, había coincidido con Don una sola vez y no conocía a Doug. De modo que tuve que hacer la pregunta: "¿Por qué quieres invitarme?". Después de todo, ellos vivían en la Costa Este; yo vivo en la Costa Oeste. Seguro que ellos tenían un número interminable de amigos que querrían aprovechar esa oportunidad.

Don dijo que ellos se preguntaron: "¿A quién conocemos que reorganizaría su vida avisándolo con poco tiempo y diría sí a subirse en un avión, volar hasta Río de Janeiro, y asistir a la final de la Copa Mundial?". Y él continuó: "Fue entonces cuando surgió tu nombre. Estuvimos de acuerdo en que Erwin McManus lo haría".

Tengo que admitirlo: me encanta ser el nombre que apareció cuando ellos se preguntaron quién movería cielo y tierra para hacer posible ese tipo de aventura.

Cuando dije sí, ese sí ni siquiera parecía posible. Dije sí el día seis del mes, y tendría que volar como máximo el diez para llegar a la final el día trece. No tenía un boleto de avión; no tenía lugar donde quedarme; no tenía visado. No tenía nada de lo que necesitaría para hacer posible ese viaje.

Pero me encanta el fútbol. Nunca había estado en Brasil, que es la meca del fútbol, y no podía imaginarme una aventura más épica que la de volar hasta Río de Janeiro, sabiéndolo pocos días antes, para ver el deporte más grande del mundo en su contexto más grandioso.

No sé si Aaron, que cumplió los veinticinco años la misma semana que yo me dirigía a Río, superará algún día el momento en que le dije: "Feliz cumpleaños, hijo. Mañana salgo para la Copa Mundial. Siento no poder llevarte conmigo, pero solo hay disponible un boleto". Sin embargo, al haberse criado en medio de una vida llena de aventura y espontaneidad, Aaron más que entendió que esa era una oportunidad única en la vida.

Mi esposa Kim ni siquiera parpadeó. Ella sabía que si era posible, yo necesitaría hacer que sucediera.

Inmediatamente llamé a alguien de mi equipo para pedir ayuda. Dije: "Holly, consígueme un boleto para Río de Janeiro. Voy a ir a la Copa Mundial de fútbol". Eso fue mucho más fácil decirlo que hacerlo.

Teníamos que ir no solo desde LA hasta Río, sino también desde Río hasta el DC. Al mismo tiempo, Holly comenzó a buscar hoteles donde pudiera quedarme mientras estaba en Río. Recuerdo que me dijo que podía llevarme hasta Río, pero que no había ni una sola habitación de hotel disponible en toda la ciudad, de modo que si iba al Mundial no tendría ningún lugar donde quedarme. ¿Estaba yo seguro de que aún así quería reservar el vuelo?

Yo dije: "Sí, haz que pueda llegar hasta allí. Podré encontrar un vestíbulo en algún lugar donde dormir y asearme. Encontraré el modo de solucionarlo cuando llegue allí". Después de todo, ¿no dijo Jesús que cuando viajemos no deberíamos llevar nada con nosotros?

Y después estaba el problema con el visado. Cuando Holly contactó a la embajada brasileña, le dijeron que podía tomar varias semanas conseguir un visado para entrar en su país. Por lo tanto, pensamos que debíamos contratar a profesionales para resolver el problema. Encontramos una empresa que se dedica a acelerar los trámites para los visados, y ellos no tuvieron más éxito que nosotros. Incluso un proceso acelerado tomaría semanas, no días. Este obstáculo parecía insuperable, y habría sido fácil decidir que sencillamente no podía ir. Pero a veces tenemos que rehusar quedarnos atrás.

Contacté al hermano de Don, Doug, y procedimos a contactar a la FIFA en Alemania para ver si ellos podían ayudarme a entrar en Brasil. Después de todo, ¡era una cuestión de vida o muerte! La

FIFA tuvo la amabilidad de invitarme a ser parte de su departamento de mercadeo por un día, para que así pudiera asegurarme un visado acelerado para ir al Mundial.

Fui personalmente a la embajada brasileña un jueves, sabiendo que mi vuelo salía el viernes. Les expliqué mi situación desesperada y que necesitaba partir para Río en las veinticuatro horas siguientes. Les entregué mi carta oficial de invitación de la FIFA, y tras varias miradas a mis documentos y una profunda mirada a mi alma, la mujer que procesaba mi pasaporte me preguntó a qué hora salía mi vuelo al día siguiente. Creo que era sobre las dos de la tarde. Ella me dijo que regresara al día siguiente a mediodía y que tendría mi visado allí esperándome. Al día siguiente, fui literalmente desde mi casa a la embajada brasileña, agarré mi visado, fui rápidamente al aeropuerto, y abordé un vuelo a Río de Janeiro para asistir al Mundial de fútbol. ¿Mencioné que no tenía lugar donde quedarme?

Mientras estaba en el aeropuerto, se me ocurrió que debía poner en Instagram y Twitter que estaba de camino hacia el Mundial en Río de Janeiro. También debía mencionar casualmente que no tenía lugar donde quedarme; quizá alguien en el mundo virtual encontraría soluciones para mí. Y eso es exactamente lo que sucedió. Es asombroso cuán poderosas pueden ser las palabras "De camino a Río para la final del Mundial, y no tengo lugar donde quedarme". Habían pasado solamente minutos cuando una pareja de recién casados en Río respondió: "Te recogeremos en el aeropuerto y puedes quedarte con nuestra familia. Nos encantaría tenerte con nosotros".

¿Cómo podría haber sabido que una hermosa pareja brasileña que resultó que se habían casado en Mosaic estaba de regreso en Río visitando a su familia al mismo tiempo que yo estaría allí también?

Su casa estaba a las afueras de Río, a una manzana del océano. Su familia fue tan amable y hospitalaria como cualquiera podría esperar jamás. Ellos tenían una sola petición: ¿podía yo quedarme y desayunar con su familia? Ellos tenían mucho interés en tener una conversación sobre Dios.

El desayuno debió durar horas, y fue quizá la mejor parte de mi viaje a la final de la Copa Mundial. Charlamos sobre la vida y la familia, sobre Dios y la espiritualidad. Nuestras conversaciones más conmovedoras trataron sobre quién era Jesús y lo que significaba que Él fuera el Salvador del mundo, lo cual es una conversación fascinante en la ciudad conocida en todo el mundo por su gigantesca estatua de Jesús de pie sobre la ciudad.

Me quedé con la familia una noche, y entonces recibí un texto del hombre que me había invitado al Mundial, dejándome saber que habían cambiado de habitaciones para que yo pudiera acomodar mi estancia con él. Me explicó que entrar a la ciudad durante la final sería casi imposible, y que de ese modo yo estaría en el corazón de la ciudad y el acceso sería mucho más sencillo. Quedé asombrado por cómo se había solucionado la situación en cuestión de días, y que ahora me quedaría en el corazón de la ciudad durante una de las celebraciones más extraordinarias del mundo.

Caminé por las calles de Río de Janeiro prácticamente toda la noche, en contra de todos los consejos que me habían dado. Miles y miles de personas bailaban por las calles, cantaban canciones de victoria de su país, y celebraban antes del partido como si sus equipos ya hubieran obtenido la victoria. Y allí estaba yo, el 13 de julio de 2014, viendo a Alemania y Argentina competir por la Copa Mundial. Si hubiera tenido una lista de deseos, eso sin duda alguna habría estado casi en lo más alto. No podía creer que estuviera en Río de Janeiro, en Brasil, en la final del Mundial de fútbol, y que una semana antes no tenía ni idea de que aquello fuera ni una posibilidad. No pude evitar pensar en cuántas veces en la vida somos invitados a una aventura extraordinaria y a oportunidades que existen solamente en nuestra imaginación, y dejamos que se nos escapen.

DECISIONES DECISIVAS

Todos tenemos principios de vida, ya sean expresados o no, conscientes o inconscientes, que nos definen. Aunque puede que nunca les demos expresión, siempre les damos poder. Tú conocerás los tuyos si prestas atención a los patrones de tu vida. Por ejemplo, conozco a muchas personas que tienen un tema recurrente en su vida: *Desearía haber hecho eso.* Otros tienen el tema recurrente que dice: *Si pudiera elegir otra cosa, lo haría.* Y hay otros que tienen el tema recurrente: *¿Cómo es que eso nunca me sucede a mí?*

Si observas que estás constantemente en un estado de remordimiento, puede ser que necesites un cambio sísmico en los principios de vida que te dirigen. Este es uno que te aseguro que cambiará tu vida para siempre: *Rehúsa quedarte atrás.* Nunca optes por no seguir las oportunidades que te mueven en la dirección de tus sueños, tu propósito, tus pasiones. Decide con antelación; no te permitas quedar paralizado en el momento con indecisión; conoce lo que quieres hacer; conoce a lo que está entregada tu vida; conoce lo que te importa y muévete hacia delante en esa dirección.

Las personas que oran por todo constantemente pueden que estén hablando demasiado y no escuchando lo suficiente. El punto de la oración es la respuesta. Y una vez Dios ha hablado, no necesitas orar más por eso, a menos que estés intentando hacerlo cambiar de parecer. Hay cosas por las que yo no necesito orar más. Ya oré por ellas. Conozco la respuesta. Lo que no necesito es claridad. Lo que sí necesito es valentía y convicción. Yo he estado casado por más de treinta años, y no necesito orar por una esposa. No necesito orar por si debería amarla; no necesito orar por si debería ser fiel; ni siquiera necesito orar por si yo debería ser un buen esposo. Ya tengo las respuestas a todo eso. Si lo piensas, hay muchas cosas por las que no necesitas orar. *¿Debería matarlo?* No necesito orar por eso. *¿Debería robar eso?* No necesito orar por eso. *¿Debería ser un seguidor de los Lakers?* No necesito orar por eso.

Hace unos años, miembros del personal de una iglesia extraordinaria en el Medio Oeste me contactaron para proponerme dejar Los Ángeles y mudarme para ir a servir con ellos. Yo pude responder inmediatamente: gracias, pero no, gracias. Ellos me alentaron a que tomara algún tiempo para orar al respecto, y yo les dije que no lo necesitaba porque ya había orado por eso. Treinta años atrás oré con respecto a mudarme a LA, y hace más de veinte años comprometí mi vida a servir en Mosaic. Lo maravilloso de tener síes claros en tu vida es que te permite tener noes claros también. Yo no necesito orar acerca de si debería hacer ejercicio, mantenerme sano o comer bien. Puede que necesite orar por la fortaleza para hacer todo eso, pero tengo bastante claro lo que debo hacer.

Sinceramente, a lo largo de los años han acudido a mí muchos varones jóvenes y me han preguntado cómo pueden tener la vida que yo tengo, pero lo que resulta claro rápidamente es que ellos quieren la vida sin tener que recorrer el camino. Quieren mi vida sin mis heridas; quieren mi vida sin mis cicatrices. De hecho, en realidad no quieren mi vida; quieren las recompensas. Yo soy el primero en admitir que vivo una vida envidiable. Yo amo mi vida. Mi vida está llena de aventura y sorpresa. También ha estado llena de sufrimiento y dificultad. Y aunque puede que te parezca que no tiene sentido llegar a estar en la final del Mundial de fútbol, puedo decirte que la misma mentalidad que me llevó hasta allí me permitió también caminar por las calles de Damasco, en Siria, y de Phnom Penh, en Camboya, y de Islamabad, en Pakistán, y por muchas otras calles por las que me dijeron que no caminara. Estoy totalmente convencido de que el mundo me ha abierto sus puertas porque yo abrí mi corazón al mundo. Sé sin duda alguna que nunca habría visto ni un solo lugar exótico en el mundo si no hubiera dado mi vida a las comunidades poco románticas y con frecuencia ignoradas de los pobres urbanos, donde serví por más de una década de mi vida.

Cuando llegan personas a Mosaic, en la esquina de Hollywood Boulevard y La Brea Avenue, ven a miles de personas dolorosamente atractivas que representan a las personas más talentosas y dotadas del mundo. Pero lo que pasan por alto con frecuencia es el hecho de que nuestra comunidad nació de un corazón moldeado por trabajar durante años con las personas sin techo, los indigentes, las prostitutas, los traficantes de droga, y los pobres urbanos. Yo no los veo a ellos como vidas diferentes. De lo que estoy seguro es que el mismo principio guía me ha conducido durante toda mi vida. El mismo principio que me situó en medio de cárteles de la droga me situó también en un estadio en Río de Janeiro. Yo no voy a quedarme observando cómo pasa la vida. Yo rehúso ser la audiencia. La vida no es para observarla. La vida es cruel en esto: si estás dispuesto a ser dejado atrás, el futuro te dejará en el pasado y la oportunidad se marchará.

No puedo decirlo lo suficiente: si vas a vivir una vida que nunca se conforma, si quieres vivir la vida para la cual Dios te creó, si quieres ser capaz de mirar atrás a tu vida y saber que la has vivido sin causa para el remordimiento, entonces rehúsa quedarte atrás. Nadie puede hacer este cambio por ti. Nadie puede crear este cambio en tu nombre. Tienes que dejar de esperar a que alguien te llame a salir del banquillo y te meta en el partido. Necesitas levantarte y negarte a quedarte por más tiempo en las bandas. Necesitas llegar a la primera línea de batalla. Necesitas dejar de permitir que la vida se te escape entre los dedos, y agarrarte a ella y rehusar soltarla.

EN BUSCA DE VOLUNTARIOS

Los deportistas y otros estudiantes en la Universidad de Tennessee son llamados los Voluntarios. Siempre me ha encantado ese nombre, el simbolismo que hay detrás. Hay algo poderoso en una persona que no tiene que ser reclutada; algo más noble en los guerreros que permanecen en la primera línea no por obligación, sino porque se ofrecieron voluntarios para arriesgar sus vidas por la libertad de otros. Si nadie te selecciona, ofrécete voluntario.

Esta fue una característica principal en la vida de Eliseo. Vimos en un capítulo anterior que Eliseo estaba arando los campos cuando Elías se acercó y puso su manto sobre Eliseo, simbolizando que iba a transferir su estatus profético al joven. Un evento posterior demostró que Eliseo recibió ese nuevo estatus, ese nuevo papel, con deseo y firmeza: se ofreció voluntario.

En el libro de 2 Reyes se nos dice que Elías está a punto de ser llevado al cielo en un torbellino y que Elías y Eliseo van de camino a Gilgal.[1]

Elías le dice a Eliseo: "Quédate aquí, pues el Señor me ha enviado a Betel".

Eliseo responde: "Tan cierto como que el Señor y tú viven, te juro que no te dejaré solo".

Así que fueron juntos a Betel.

En Betel, una gran compañía de profetas llegan hasta Eliseo y le preguntan: "¿Sabes que hoy el Señor va a quitarte a tu maestro, y a dejarte sin guía?".

"Lo sé muy bien; ¡cállense!", responde Eliseo.

Entonces Elías le dice: "Quédate aquí, Eliseo, pues el Señor me ha enviado a Jericó".

Decidido aún a quedarse con Elías, Eliseo dice: "Tan cierto como que el Señor y tú viven, te juro que no te dejaré solo".

Así que van a Jericó.

La compañía de profetas en Jericó va a Eliseo y le pregunta: "¿Sabes que hoy el Señor va a quitarte a tu maestro, y a dejarte sin guía?".

"Lo sé muy bien; ¡cállense!", responde otra vez Eliseo. (Vemos el patrón que se está desarrollando aquí).

Entonces Elías le dice: "Quédate aquí, pues el Señor me ha enviado al Jordán".

Y Eliseo repite por tercera vez: "Tan cierto como que el Señor y tú viven, te juro que no te dejaré solo".

Así que los dos siguieron caminando.

La historia continúa diciéndonos que los cincuenta hombres de la compañía de los profetas se mantienen a distancia frente al lugar donde Elías y Eliseo se han detenido en el Jordán. Elías toma su manto, lo enrolla, y golpea con él el agua. El agua se divide hacia la derecha y la izquierda, y los dos cruzan sobre tierra seca.

Cuando han cruzado, Elías le dice a Eliseo: "¿Qué quieres que haga por ti antes de que me separen de tu lado?".

Entonces Eliseo pide…

¡Un momento! Antes de que lleguemos a la petición de Eliseo, es importante notar que en cada parada a lo largo del camino, Eliseo no es el único profeta que tiene una oportunidad de seguir viajando con Elías. Todos los otros profetas decidieron quedarse donde estaban, en lugar de viajar con Elías. Saben que él va hacia el final de su viaje, pero están cómodos con quedarse atrás. Solamente Eliseo es quien rehúsa ser dejado atrás.

No es una coincidencia que Elías le dé repetidamente a Eliseo la oportunidad de quedarse atrás. Incluso le ordena (o al menos le implora): "Quédate aquí". Nadie pensaría menos de Eliseo si se detuviera en Betel, si se quedara en Jericó, o si no dejara nunca la seguridad de Gilgal. Solamente cuando Elías y Eliseo están solos al otro lado del Jordán es cuando Elías finalmente le hace la pregunta: "¿Qué quieres que haga por ti?".

Entonces Eliseo pide lo más increíble: "Te pido que sea yo el heredero de tu espíritu por partida doble".

Es aquí donde la vida a veces se vuelve un poco delicada. No hay pocas personas que están dispuestas a pedir una doble porción de lo que se le ha dado a otra persona; es tan solo que quieren pedirlo en Gilgal, o Betel, o Jericó. Quieren que Dios haga en ellos y por ellos mucho más de lo razonable, basándose en hasta dónde han permitido que Dios los lleve. Estoy convencido de que no obtenemos una doble porción del Espíritu de Dios observando a Elías alejarse caminando mientras nos quedamos en Jericó. Cuando decidimos quedarnos atrás, también dejamos atrás todo lo que Dios desea hacer en nosotros, por nosotros, y por medio de nosotros. Si queremos heredar el espíritu de Elías por partida doble, tenemos que caminar en los pasos de Elías hasta que él ya no deje más huellas.

Elías responde a Eliseo: "Has pedido algo difícil… pero si logras verme cuando me separen de tu lado, te será concedido; de lo contrario, no".

Entonces somos llevados a ver lo que puede ser la salida más dramática de la historia humana que se encuentra en algún lugar en la historia. Aquí está textualmente:

> *Iban caminando y conversando cuando, de pronto, los separó un carro de fuego con caballos de fuego, y Elías subió al cielo en medio de un torbellino. Eliseo, viendo lo que pasaba, se puso a gritar: «¡Padre mío, padre mío, carro y fuerza conductora de Israel!» Pero no volvió a verlo.*

Entonces agarró su ropa y la rasgó en dos. Luego recogió el manto que se le había caído a Elías y, regresando a la orilla del Jordán, golpeó el agua con el manto y exclamó: «¿Dónde está el Señor, el Dios de Elías?» En cuanto golpeó el agua, el río se partió en dos, y Eliseo cruzó.

Los profetas de Jericó, al verlo, exclamaron: «¡El espíritu de Elías se ha posado sobre Eliseo!» Entonces fueron a su encuentro y se postraron ante él, rostro en tierra.[2]

Esta historia se trata de algo más de lo que Eliseo experimentó; se trata de quién era Eliseo como persona. Todos queremos carros de fuego sin cruzar el punto de no retorno. Eliseo entendió lo que significaba vivir una vida que no deja nada atrás, ni deja nada sin hacer. A Eliseo se le dieron múltiples oportunidades para no seguir. Para él, era una decisión que había tomado mucho tiempo atrás. Eliseo es el hombre que partió en pedazos su arado y sacrificó sus bueyes, y los entregó como una ofrenda a Dios y un regalo para su pueblo. Para Eliseo, nunca hubo la opción de volver atrás, y nunca hubo la opción de quedarse atrás.

Cuando entendamos a este hombre, entenderemos su enojo cuando el rey deja de golpear la flecha mucho antes de que haya sido asegurada la victoria. Cuando Dios te dice que golpees una flecha, tienes que seguir golpeando, y golpeando, y golpeando, y no detenerte hasta que oigas gritar al cielo: "Todo se ha cumplido".[3]

NACIDO PARA CORRER

Cuando nuestros hijos Aaron y Mariah tenían siete y cuatro años de edad, yo decidí llevarlos a El Salvador para que conocieran a mis abuelos, vieran la casa donde me crié, y experimentaran el país donde nací. Kim no pudo viajar con nosotros, de modo que fui yo solo con los niños. Fue mi primer esfuerzo para llevar a los dos niños a un viaje internacional, pero tenía la esperanza de que todo saldría bien.

Ni siquiera llegamos juntos al vuelo. Los niños y yo nos despedimos de Kim, pasamos por seguridad, y nos estábamos preparando para abordar el vuelo a San Salvador, cuando Mariah se volvió loca. Comenzó a llorar y a gritar: "¡Quiero a mi mamá! ¡Quiero a mi mamá! No quiero ir. No quiero ir".

Ahora bien, tienes que entender el contexto. Yo tengo aspecto de hispano, y mis hijos tienen aspecto de suecos. Tanto Aaron como Mariah eran rubios, y María, especialmente con sus ojos verdes, parecía que era la hija de otra persona. Cuando Mariah comenzó a llorar y gritar frenéticamente por su madre, parecía como si yo estuviera secuestrando a la hija de otro. Nada de lo que yo podía hacer la calmaba, y finalmente entendí que aquello no funcionaría y comenzamos a correr por la terminal de nuevo hacia la entrada de seguridad, esperando agarrar a Kim antes de que partiera para nuestra casa.

Afortunadamente, pudimos hacer la embarazosa entrega de mi hija otra vez a su madre, y entonces se convirtió en un viaje de varones. Durante los años siguientes, siempre alterné oportunidades para que Aaron y Mariah viajaran conmigo. No quería mostrar preferencias, y quería darles a ambos una oportunidad de viajar por el mundo y tener aventuras maravillosas con su papá. Mariah, al ser la más joven y haber tenido una primera experiencia mala, desarrolló miedo a viajar. Por lo tanto, cada vez que era el turno de ella no quería ir, y Aaron iba en su lugar. Aaron comenzó a acumular países por todo el mundo. Viajó a más de treinta países antes de cumplir los dieciocho años.

Mariah, durante los primeros años, se quedaba en casa y escuchaba de nuestras aventuras. Y entonces un día lo entendió: *¿Qué estoy haciendo? Estoy renunciando a mis aventuras a favor de mi hermano porque tengo miedo a volar.* Un día, recibí una maravillosa sorpresa cuando le ofrecí la posibilidad de ir conmigo a algún lugar al otro lado del mundo y ella aceptó. No puedes imaginar la decepción que mostró la cara de Aaron. Él se había acostumbrado a viajar en su propio turno y también en el de su hermana, pero algo se había desatado en el interior de Mariah. Ella entendió que se estaba perdiendo oportunidades increíbles. Fue como si sucediera en un momento. Fue como si ella decidiera: *Me niego a quedarme atrás.*

Eso fue solo el comienzo. Ahora ella ni siquiera ha cumplido los veinticuatro años y ya ha alcanzado el mismo número de países a los que ha ido Aaron. Ella no solo ha viajado a casi cuarenta países por todo el mundo, sino que también ha viajado con nosotros a algunos de los lugares más peligrosos del planeta. Si alguien ha recibido una doble porción de nuestro espíritu, es esta pequeña que decidió escoger de modo diferente.

Mientras que mi familia ha tenido el gran privilegio de viajar por todo el mundo, recuerdo que Jesús nunca se alejó mucho de su lugar de nacimiento. Esta gran aventura a la que Dios nos llama no requiere cruzar el planeta en avión. A veces, nuestras mayores búsquedas están a pasos de la puerta de nuestra casa. A veces, el mayor desafío que Dios ha puesto delante de nosotros llega en las situaciones más inesperadas, como al ser buenos esposos, buenas esposas, buenos padres y buenas madres.

Algunas veces, tu geografía no cambia nada, pero el viaje sigue siendo largo y difícil. Llegar a ser el hombre que tu familia merece no es una empresa pequeña. Tener la valentía de vivir una vida de honor e integridad puede que sea la mayor batalla que jamás enfrentarás. Dejar el empleo que tienes a cambio de la carrera profesional que anhelas puede sentirse nada diferente a viajar a una tierra distante que nunca has conocido. El punto de inicio para todos nosotros es mirar nuestra vida y preguntar: *¿Sigo estando en el viaje hacia adelante, o me he encontrado conformándome cuando debería haber estado avanzando?*

Y esa es una de las maneras en que sé que todos nosotros podemos cambiar. Quizá has pasado tu vida optando por quedarte fuera. Tal vez inconscientemente has hecho que un principio de vida sea conformarte con menos. He descubierto que Dios es increíblemente misericordioso. Igual que Elías ofreciendo a Eliseo la oportunidad de quedarse atrás, Dios no nos obliga a ir hacia el "más". A veces, Él ni siquiera nos invita; meramente pregunta: "*¿A quién enviaré? ¿Quién irá por nosotros?*". Y Él espera oír qué voz surgirá entre la multitud. "*Aquí estoy. ¡Envíame a mí!*".[4]

No esperes a que te pregunten; ofrécete voluntario. Sé voluntario para ir hacia delante. Voluntario para ir más allá. Voluntario con todas tus fuerzas. No puedes ser pionero por obligación. No es una aventura si no es tu decisión. Tienes que quererlo; tienes que querer más. Si quieres ser avaricioso, este es el lugar correcto para ser avaricioso. Quiere todo lo que Dios tenga para ti. Quiere más de lo que otros creen que puedes obtener. ¿Por qué conformarte con una sola porción si una doble porción puede ser tuya si la pides?

Yo sí creo que es importante observar que aunque Eliseo recibió una doble porción del espíritu de Elías, eso nunca se tradujo en el doble de riquezas o el doble de fama. Esto es importante en que nosotros a menudo queremos que Dios nos dé más de las cosas equivocadas, mientras nos conformamos con menos de las cosas que más importan. Eliseo recibió una doble porción del poder del Espíritu de Dios. Ni siquiera puedo comenzar a entender todas las implicaciones de eso. Solamente sé que yo quiero una doble porción de esa doble porción.

Por lo tanto, hay que hacer estas preguntas: si no estás donde quieres estar, ¿por qué sigues decidiendo quedarte en donde estás? Si sabes que hay un futuro esperándote, ¿por qué decides quedarte atrapado en el pasado? ¿Qué será necesario para sacudirte y sacarte de la seguridad de donde estás, para perseguir lo que puede obtenerse solamente en un futuro incierto?

Con mayor frecuencia, el viaje hacia donde Dios quiere llevarnos requiere que viajemos más lejos de lo que jamás habíamos esperado. Como los primeros pioneros que comenzaron en Nueva York y Boston decididos a llegar hasta San Francisco, pero en cambio se establecieron en Oklahoma y Missouri, puede que nosotros nos hayamos convertido en colonos demasiado pronto. Ahora bien, si has de estar en Oklahoma o Missouri, eso es bueno. Pero si sencillamente te diste por vencido porque el viaje era más largo y más difícil de lo que esperabas, entonces te has convertido en un colono cuando deberías seguir siendo un pionero. La desafortunada realidad es que muchos de nosotros escogeríamos nuestra comodidad en lugar de nuestro destino; escogeríamos la seguridad sobre la oportunidad; preferiríamos conformarnos con menos que sacrificarnos más.

Eliseo se negó a quedarse atrás aun cuando hacerlo habría sido mucho más conveniente e incluso más razonable que seguir avanzando. Y su riesgo no llegó con una garantía ni con una promesa. Elías no le ofreció nada que le motivara a continuar su viaje con él. De hecho, lo cierto fue lo contrario. Elías siguió insistiendo en que Eliseo se quedara atrás con el resto, y permitiera que Elías siguiera su viaje a solas. Pero para Eliseo, esa pregunta ya había sido respondida. Él no dejó todo lo que conocía y todo lo que tenía para poner fin a su viaje antes de que ni siquiera comenzara; él iba a recorrer todo el camino sin importar el costo o las consecuencias.

EL MOMENTO DE LA ACCIÓN

Yo siempre he viajado mucho, pero últimamente mi esposa me ha estado superando. En los últimos meses, Kim ha estado en India, Indonesia, Bangladesh, Vietnam, Argentina y China. Puede parecer extraño, pero raras veces viajamos juntos. Ella insistió, sin embargo, en que yo la acompañara en su viaje más reciente. Iba a viajar a las fronteras de Líbano y Siria para sumergirse de cabeza en la crisis de refugiados sirios que rápidamente se ha convertido quizá en la mayor crisis humanitaria de nuestro tiempo, con más de once millones de sirios que han sido desplazados de sus hogares, y más de cinco millones que han tenido que huir de su propio país. Aunque las cifras siguen cambiando, lo que sabemos es que millones de personas inocentes han sido desplazadas como resultado de una guerra civil despiadada.

Pero denominarlo guerra civil es quedarnos cortos. El conflicto es mucho más que una lucha local por territorios. Este conflicto ha abarcado al mundo, desde los Estados Unidos y Europa hasta Rusia. Parece que el mundo está en guerra dentro de las fronteras de Siria. El conflicto es complejo, a la vez profundamente político y profundamente religioso. En un nivel, es el conflicto entre los musulmanes chiís y sunís. Y sinceramente, por mucho que intentemos dibujarlo en blanco y negro, necesitamos tarjetas de apuntes de resultados para saber quiénes son los buenos y quiénes son los malos.

Este no era nuestro primer viaje a Siria. Solo dos semanas antes del desastre del 11 de septiembre, no solo Kim y yo, sino también nuestros hijos, estábamos en Beirut y el Valle de Bekáa. En ese entonces, la mayor preocupación para muchos de los libaneses eran los musulmanes chiís. Desde una perspectiva occidental, los chiís estaban personificados por Irán y el Ayatolá Jomeini. En aquella época en raras ocasiones escuché nada sobre los sunís. Solo un par de años antes de eso, iba yo caminando por las calles de Damasco. Y aunque me dijeron que Damasco era un epicentro del terrorismo global, descubrí que el pueblo sirio fue increíblemente amable y hospitalario conmigo. Ni una sola vez me sentí en peligro. Pero en Líbano, pude ver y sentir la violencia e inestabilidad venideras de la región. Íbamos conduciendo y veíamos tanques y soldados libaneses patrullando una región, y minutos después veíamos tanques y soldados sirios patrullando una región contigua. Parecía una partida de damas, con dos naciones y dos ejércitos luchando por el mismo cuadro.

Pero todo era diferente en nuestro viaje en el 2016. No había ocupación siria en Líbano. Esta vez era una ocupación siria distinta.

Esta vez no era un influjo de soldados con armas, sino dos millones de refugiados que apenas llevaban las camisas sobre sus espaldas y que salieron sin armas en sus manos, tan solo con manos vacías.

Los eventos del 11 de septiembre nos presentaron a al-Qaeda, lo cual dejó en el pasado nuestras preocupaciones por Hezbolá, pues ahora nos enfrentábamos a un nuevo peligro. Y al-Qaeda ha parecido casi un mal sueño desde el surgimiento de un nuevo peligro conocido como ISIS. Y es aquí donde las cosas se vuelven delicadas. ISIS es una célula terrorista que es una expresión extrema y violenta del islam suní, lo cual en un mundo en blanco y negro deja claro que los sunís son el enemigo; lo cual tan solo exacerba el dilema para los dos millones de refugiados que se encuentran sin hogar, sin comida, y desesperados. Descubrimos que esos dos millones de refugiados son también musulmanes sunís. Sus negocios fueron destruidos, sus casas aniquiladas, sus padres e hijos asesinados, y su país perdido para ellos. Bashar al-Assad, que es chií, ha orquestado una masacre nacional de la secta islámica que amenaza su gobierno y se opone a su liderazgo. Por lo tanto, ahora tenemos a musulmanes matando a musulmanes. O para situarlo en un contexto diferente (digamos, Belfast no muchos años atrás), sería como católicos y protestantes matándose los unos a los otros, cuando para el resto del mundo parece que deberían ser hermanos y aliados.

La crisis de refugiados sirios es relativamente nueva, y pese a lo mala que es, se va a poner peor. Líbano es un país pequeño con una población de solo cuatro millones de personas. ¿Puedes imaginar las complejidades de una nación con cuatro millones de personas intentando absorber a más de dos millones de refugiados? Eso sería el equivalente de casi 160 millones de refugiados que cruzaran las fronteras estadounidenses. La población de Texas está en torno a los veintisiete millones. Eso significa que más de cinco veces la población de Texas habría entrado en nuestro país de la noche a la mañana y sin tener lugar donde vivir, sin tener comida ni agua, y ninguna parte donde ir. Y solo para hacer que todo sea un poco más difícil, entremezclados en dos millones de personas inocentes estaría un pequeño número de los extremistas religiosos y políticos más violentos y crueles que el mundo haya conocido jamás. Lo que sabemos es que el 99,9 por ciento de las personas son inocentes; lo que no podemos saber es quién está incluido en el 0,1 por ciento que ha llegado para destruirte a ti y tu libertad.

Por lo tanto, allí estábamos, sentados a treinta minutos de distancia de las líneas de batalla con el ISIS, escuchando las historias de refugiados desconsolados que habían perdido no solo todas sus posesiones terrenales, sino también su dignidad. El gobierno libanés ha estado trabajando muchísimo para caminar sobre la delgada línea entre hospitalidad y seguridad. Líbano es una tierra de inmigrantes y refugiados. Más de medio millón de palestinos viven como refugiados permanentes dentro de las fronteras de Líbano. Ahora, el pueblo libanés ha abierto sus brazos a estos dos millones de refugiados que la mayor parte del mundo no recibirá. Al mismo tiempo, no desean ser la solución permanente para esta crisis humanitaria, de modo que todos los asentamientos son temporales. Incluso la designación de los refugiados expresa la preocupación del pueblo libanés. Se les denomina *campamentos provisionales*: CP. A propósito, no hay acceso al agua potable, la electricidad o los servicios públicos. Después de todo, los campamentos tienen intención de ser temporales. Son campamentos *provisionales*. Sin embargo, muchas de las familias ya han estado allí cuatro o cinco años.

Mientras escuchaba las historias, era golpeado una y otra vez por el tema recurrente de todo lo que ellos dejaron atrás. No eran personas que fueran pobres o indigentes en sus vidas anteriores; eran artesanos y comerciantes, profesionales y dueños de negocios. Tenían hogares, familias, y un futuro. La guerra les costó todo. Vieron sus negocios destruidos, sus casas bombardeadas, y sus seres queridos asesinados. Sin embargo, cuando les preguntamos qué era lo que más añoraban, nunca hablaron de su trabajo, ni de sus posesiones, ni incluso de las casas que habían dejado atrás. Siempre hablaban de la familia y los amigos que no salieron con ellos.

Pero lo que más me sorprendió fue la falta de remordimiento que sus circunstancias presentes parecían crear. Yo pensé que conociendo ahora a lo que habían huido, seguramente cambiaría la perspectiva que tenían sobre su decisión de salir de su casa y de su país. De cierto, sus circunstancias sombrías y desesperanzadas les harían desear no haberse ido en un principio. Sin embargo, por todas partes descubrí que la misma perspectiva era cierta: ellos lo habrían hecho otra vez sin vacilar. Si pudieran cambiar algo, simplemente se asegurarían de que nadie fuera dejado atrás.

Conocí a una mujer que había perdido a su esposo en la guerra, cuyo hijo fue secuestrado, cuyos familiares fueron asesinados, y que ahora se encontraba sola ocupándose de sus tres nietos, todos ellos menores de diez años. Ella no podía ver ninguna salida y quedó destituida y desesperada. La escuché describir la caminata de cuarenta días tras dejar su casa en Siria en busca de la seguridad en el Valle Bekáa. Cuarenta días atravesando guerra y violencia, cruzando montes y en medio de condiciones penosas y agotadoras.

Sin embargo, ni una sola vez lamentó su decisión, aunque le había costado todo.

Conocí a una familia cuyo hijo mayor, que tenía unos diez años, había dejado de hablar como resultado del trauma de ver cómo sacaban a rastras a su padre de su casa y se lo llevaban como prisionero. Otros quedarán traumatizados para siempre al haber visto a sus seres queridos ser asesinados delante de sus ojos.

Un momento que nunca olvidaré es cuando entramos en la tienda de una familia aún intacta. El padre nos invitó a entrar y se sentó con nosotros mientras escuchábamos su historia, y conocíamos a su esposa y sus hijos sentados en una tienda que él había levantado durante un periodo de dos semanas construida sobre un terreno lleno de tierra y barro. Sin embargo, cuando entramos estaba meticulosamente limpia. Era fácil sentir el orgullo que ellos sentían y su determinación de sacar el máximo de una situación horrible. Él nos ofreció té cuando éramos unos diez de nosotros en la tienda, todos sentados. Cada uno de nosotros declinó amablemente, al no querer gastar los recursos que ellos tenían. Nunca olvidaré que, momentos después, sus hijos de todos modos trajeron té para todos. Si eso no fue ya lo bastante sorprendente, observé al padre servir las dos primeras tazas de té, y por alguna razón oculta, decidir que no estaban a la altura de sus normas. Los envió de nuevo a la tienda y los niños comenzaron el proceso de nuevo. Cuando el té cumplió con las normas necesarias para que él lo compartiera con sus invitados, lo sirvió para todos, y nosotros aceptamos amablemente.

Me sentí honrado de compartir té con un hombre y su familia que se negaron a quedarse atrás, que lo dejaron todo y lo arriesgaron todo para perseguir una vida que nunca podrían conocer si se hubieran quedado donde estaban. Nunca olvidaré a las hermosas personas que conocí en el Valle Bekáa. Su efecto sobre mi vida es permanente, y está grabado de manera indeleble en mi alma. Cuando oigo la designación de musulmán suní, ya no me hace pensar en una percepción generalizada de un pueblo al que hay que temer o menospreciar. Recordaré a dos pequeñas niñas cuyos ojos color café me conmovieron y que sonreían con una felicidad tan incontrolable que nadie podría saber nunca que eran víctimas de una inhumanidad inexpresable.

CONDUCTOS DEL FUTURO

No he podido dormir desde que he regresado. He batallado con pesadillas. Cada vez que cierro los ojos para quedarme dormido, me sobrecoge una tristeza insoportable. Una y otra vez, me he encontrado en la necesidad de reunir todas mis fuerzas para no comenzar a llorar de manera descontrolada. Y lo único que hice fue una visita. No puedo ni imaginar cómo quienes tienen que vivir en esa realidad han sido heridos en las profundidades de sus almas. Sin embargo, sé que yo estaba exactamente donde tenía que estar.

A veces Dios necesita que vayamos a algún lugar para que podamos llevar allí también a otros. Cuando decidimos quedarnos atrás, el futuro sigue adelante sin nosotros. Cuando rehusamos quedarnos atrás, nos convertimos en conductos hacia el futuro.

La ironía para mí, sin embargo, es que yo no quería ir. Ese viaje no estaba en mi calendario; estaba en el calendario de mi esposa. No estaba en mi corazón; estaba en el corazón de ella. Ella comenzó a pedirme que fuera seis meses antes del viaje, y mi respuesta era: "Absolutamente no. Es tu viaje, no el mío". Ella siguió pidiéndome que aceptara y yo seguí negándome. Pero mi esposa es muy tenaz, y rehusó aceptar un no por respuesta.

Días antes de partir hacia Líbano, ella me preguntó si me emocionaba ir.

Yo dije: "No. Voy por obligación. Voy porque tú me haces ir. Voy porque quiero estar felizmente casado. Voy porque me harías miserable si no te acompañara".

Fue uno de esos momentos en que me habría perdido lo que Dios estaba intentando hacer en mí y por medio de mí, si hubiera hecho lo que yo quería. No es que no me importara la crisis de refugiados sirios. No era que yo no considerara importante el viaje. Es que tenía otro trabajo que hacer; tenía otras prioridades. Después de todo, necesitaba escribir este capítulo. Es raro que, de alguna manera extrañamente distorsionada, me convencí a mí mismo de que tenía que quedarme atrás para así poder decirte que rehúses quedarte atrás. Razón por la cual todos necesitamos personas en nuestra vida que rehúsen dejarnos atrás, que nos empujen al futuro, que nos llamen hacia el más. A veces es una guerra que nos fuerza a dejar lo que conocemos, para seguir un futuro lleno de incertidumbre. Algunas veces Dios nos permite atravesar una interrupción tremenda para que podamos escoger el camino hacia la libertad. Otras veces Dios simplemente usa una invitación, y nosotros tenemos que escoger nuestra propia interrupción. Tenemos que decidir no quedarnos en donde estamos y no perder donde debemos estar.

Quizá la razón de que muy pocos de nosotros hayamos recibido una doble porción del Espíritu de Dios es que las vidas que hemos escogido requieren muy poco de Dios, porque requieren muy poco de nosotros. Yo no quiero observar a Dios desde la distancia, y tampoco quiero escuchar las asombrosas historias de la actividad de Dios en el mundo como si fueran fábulas creadas para otras personas en una época antigua. Quiero vivir el tipo de vida que no puede vivirse sin la plenitud de Cristo en mi vida.

Puede que parezca codicioso, pero necesitas querer segundos. Cuando se trata de Dios, necesitas ser Oliver Twist diciendo: "Por favor, señor, quiero más". Si Dios le dio a Eliseo una doble porción del espíritu de Elías, ¿por qué no a ti? Dios está buscando a la persona que le diga: "Quiero el doble de eso, y viajaré tan lejos como sea necesario. Si ir allá significa que camine solo, entonces que así sea. Me niego a vivir una vida que ya haya sido vivida; a ser una historia ya contada. En algún lugar en mi futuro estarán mis carros de fuego".

Rehúsa creer que Dios es menos hoy de lo que era ayer. Permite que llegue lo que sea que haya por delante, y lo que sea que te cueste, lo que sea que demande de ti, rehúsa quedarte atrás.

6

Actúa Como Si Tu
Vida Dependiera de Ello

E s un sentimiento extraño cuando alguien te llama y te dice que
quiere una póliza de seguros de "hombre clave" sobre tu vida
por si acaso caes muerto de manera repentina e inesperada antes de cuando deberías. Yo era el director general y fuerza creativa
tras nuestra empresa multimillonaria, y mi socia en los negocios
y principal inversora había recibido el consejo de sus abogados de
proteger su inversión haciendo que yo obtuviera una póliza de seguro que protegiera a la empresa en caso de mi fallecimiento repentino. Siempre es bonito saber que uno tiene valor, pero es des-
concertante cuando te das cuenta de que puedes ser más valioso
muerto que vivo. Parecía que sería un procedimiento rutinario ser
asegurado para que la empresa quedara protegida, y desde luego yo
estaba más que contento de hacerlo, pero antes requería un examen
físico y un certificado médico para cerciorarme de ser asegurable.

Sinceramente, pensé que aquello sería pan comido. Yo soy un fuerte partidario de vivir una vida sana. No bebo. No fumo. No con-
sumo ningún tipo de sustancias ilegales. De hecho, casi no utilizo

101

ninguna sustancia legal. Evito incluso los tipos más comunes de ayudas médicas. Intento no consumir analgésicos ni aspirinas. Intento comer bien, ejercitarme con frecuencia, y mantenerme joven durante tanto tiempo como pueda. Soy una de esas personas que creen que el bienestar físico es parte de la mayordomía espiritual de la persona.

Así que podrás imaginar mi sorpresa cuando llegaron mis resultados y me dijeron que yo no era asegurable. Fue un delicado nivel de PSA (antígeno específico de próstata) el que levantó una bandera roja. Yo nunca había escuchado del nivel de PSA. Lo único que sabía de los PSA era que ellos eran anuncios de servicio público (por sus siglas en inglés), y ahora, una extraña evaluación médica me estaba diciendo que yo era un riesgo demasiado alto para proveerme un seguro de vida. Yo sabía que los resultados eran incorrectos, así que volví a hacer la prueba, y solamente confirmó los primeros resultados. Me dijeron que los niveles de PSA son una indicación de cáncer, y desde luego, eso hizo surgir una gran preocupación para mí, mi familia, y mi socia de negocios. Mientras tanto, los resultados del laboratorio requirieron que me realizaran otras pruebas en las que me clavaron y me punzaron, lo cual no voy a describir en detalles. Fue un gran alivio que no pudieran encontrar nada malo. En lo que a ellos respectaba, yo era una imagen de la salud.

Esperé un par de años, y el médico volvió a realizarme análisis de sangre y a comprobar mis niveles de PSA, y yo estaba convencido de que ahora indicarían lo que yo sabía que era cierto: no había nada malo. Yo era perfectamente saludable. Desgraciadamente, el análisis no cooperó. Mis niveles de PSA llegaron aún más altos. Al principio, sí que sumó a mi moderado nivel de preocupación cuando mis amigos que habían tenido circunstancias parecidas descubrieron que de hecho se enfrentaban a un peligro físico real. Estoy ciertamente agradecido de que los análisis de PSA hayan ayudado a personas en el pasado a detectar las señales de cáncer con la precocidad suficiente para salvar sus vidas y ofrecer futuros mejores. Para mí, sin embargo, mis resultados al principio no fueron otra cosa sino frustración organizacional. Yo no calificaba para el seguro de vida, así que no podía proteger mi empresa en el caso de que muriera, lo cual, desde luego, es lo que destacó para mí. No era realmente seguro de vida; era seguro de muerte. No hay tal cosa como un seguro de vida. Nadie puede asegurar que alguien se mantenga con vida. Por lo tanto, viví mi vida sin seguro de muerte.

Pero he llegado a entender que yo soy responsable de mi seguro de vida. No puedo asegurar cuánto tiempo viviré, pero puedo determinar que viviré plenamente mientras esté vivo. Creo que este es uno de nuestros mayores desafíos: que estamos tan atenazados por el temor a la muerte que llegamos a tener miedo a vivir. Lo cierto es que mi nivel de PSA no me estaba diciendo nada que yo no supiera ya. Está en mi código genético que voy a morir. Nadie tiene que hacer un análisis de sangre. Puedo ahorrarles la molestia a los médicos y ahorrarme a mí mismo el gasto. Mi vida está llegando a su fin. Simplemente no estoy seguro de cuán rápido están cayendo los granos de arena en el reloj de arena. Pero sé en qué dirección les impulsa la gravedad. Supongo que debería estar agradecido de que Dios me diera los resultados del PSA como un recordatorio de mi condición terminal como residente en este planeta.

Por lo tanto, deja que yo te lo diga antes de que lo escuches de otra persona: voy a morir. Pero tú también. Y esto realmente no debería ser aleccionador o deprimente; en realidad debería ser revelador y empoderador. Porque el mayor error que cometemos en la vida es intentar controlar las cosas sobre las que no tenemos control alguno, y ceder el control sobre las cosas que podemos influenciar y cambiar. ¿No sería irónico si, en lugar de hacernos pasar por una serie de procedimientos para comprobar si estamos en riesgo de morir, el seguro de vida se determinara después de una batería de análisis para comprobar si estamos realmente vivos?

PRUEBA DE VIDA

Cuando los discípulos de Jesús fueron al sepulcro para buscar su cuerpo, el ángel que los encontró allí les preguntó: "*¿Por qué buscan ustedes entre los muertos al que vive?*".[1] Esta es una pregunta muy reveladora. Parecemos tan confundidos sobre la vida y la muerte, e incluso más sobre el estado ambivalente de ser que podría describirse mejor como *existencia*.

Esto quedó más que claro cuando Kim y yo estábamos en Beirut preparándonos para ir al Valle Bekáa. Estábamos a minutos de distancia de la frontera cuando el ISIS estaba en guerra con el pueblo del Líbano. Pero antes de que nos permitieran subir a los vehículos, nos pidieron que tomáramos un momento para llenar una serie de formularios. Cuando les eché un vistazo, hubo uno que saltó a un primer plano. Su encabezamiento era simplemente "Prueba de Vida". He estado en muchos lugares locos en el mundo, pero nunca he tenido que llenar un formulario que demandara una prueba de vida.

Había una serie de espacios en blanco donde yo podía escribir preguntas que podrían hacerme si me tomaban como rehén, preguntas cuyas respuestas conocíamos solamente yo y las personas más cercanas a mí. Yo sabía que debía tomarme eso en serio, pero no dejaba de pensar para mí: *¿Cuáles son las pruebas de mi vida?* Quería escribir cosas como: "Le encanta bailar bajo la lluvia" y "Se detiene al lado de la carretera para oler flores silvestres y correr por los campos". La mayor prueba de vida es cuando mis hijos me abrazan con fuerza y me dicen que me quieren, después de todos estos años. Sé que no era eso lo que buscaban los oficiales en Beirut. Ellos querían pedazos de información trivial que fuera lo bastante confidencial para que no la descubrieran quienes pudieran tomarme como rehén. Pero realmente, ¿son los hechos una prueba de *vida*, o son prueba de *existencia*?

En aquel momento, para mí la verdadera prueba de vida era que mi esposa y yo, junto con un asombroso cinematógrafo joven llamado Jake Viramontez, estábamos dispuestos a entrar en una parte del mundo donde nuestras vidas estarían en riesgo a fin de dar a otros una oportunidad de vivir. Como contraste, ¿qué hay en nosotros que nos persuade a escoger la mera existencia por encima de la vida? ¿Por qué preferimos existir tanto tiempo como podamos, en lugar de vivir la vida al máximo durante un periodo breve?

Mientras llenábamos los papeles, nos hicieron una advertencia: "Asegúrense de poner respuestas a las preguntas que recordarán. Hemos tenido personas que llenaron estos papeles y que no podían recordar sus propias respuestas, y sus seres queridos tampoco conocían las respuestas".

Si preguntaras a las personas más cercanas a ti: "¿Cuáles dirías que son mis pruebas de vida más poderosas?", ¿cuáles serían sus respuestas? ¿Cuál es tu prueba de vida? ¿Qué estás haciendo en este momento que demuestra al mundo, o al menos a quienes están en tu mundo, que estás plenamente vivo?

He descubierto que la vida puede ser increíblemente elusiva porque existe justo al otro lado de la existencia. La mayoría de nosotros no escogemos entre vida y muerte; escogemos entre existencia y muerte. Realmente nunca escogemos vivir. Tenemos tanto miedo a la muerte y a todos sus parientes, como fracaso, desengaño y herida, que en realidad nunca escogemos vivir. Para todos nosotros, la muerte llega demasiado pronto. Llega mucho antes de que hayamos dado nuestro último aliento. Solamente cuando entendemos que somos terminales es cuando comenzamos a tratar el tiempo con el respeto que merece.

NADA QUE PERDER

Estaba en Lima (Perú) porque había sido invitado a hablar en una serie de eventos. Todo en cuanto a Lima me sorprendió. No tenía idea de lo hermosa que era. Nunca podría haber anticipado que en Lima descubriría algunos de los mejores platos de comida del mundo y a algunas de las personas más amables que he encontrado jamás. Habría sido suficiente haber encontrado cafeterías de primera categoría y chefs gourmet formados en París para haber creado recuerdos para toda la vida, pero lo que realmente destacó para mí fue la noche en que me invitaron a hablar en lo que antes fue una plaza de toros. Tenía entendido que ese era el lugar más grande en todo Perú. Hubo un tiempo en que miles de personas llenaban la plaza para ver a los toreros enfrentarse a los nobles animales. Entiendo la controversia que ha surgido legítimamente en torno a la crueldad de las corridas de toros, y sin embargo había un sentimiento de que habíamos entrado en una época antigua, en un mundo diferente.

Mientras entrábamos en la plaza donde yo iba a dar la conferencia, nuestros invitados señalaron un lugar donde los toreros esperaban antes de enfrentarse a los toros. Mientras nuestros invitados me llevaban con orgullo por los detalles de su pasado cultural, noté un lugar en particular y les pregunté.

"¿Qué sucedía allí?".

"Ese rincón de allí", dijo mi guía, "es donde iban los toreros y se arrodillaban y rezaban antes de arriesgar sus vidas en la batalla".

Le pregunté si los pastores que hablaban allí iban alguna vez a ese rincón para orar también, y él me dijo: "No, no creo que eso haya ocurrido nunca".

"Bueno", dije yo, "si es allí donde iban los toreros para encontrar su valentía, vayamos nosotros allí a arrodillarnos y rezar antes de entrar en esta batalla".

Debo confesar que fue surrealista arrodillarme en el mismo lugar donde antiguos "matadores" oraban a Dios pidiendo valentía y fuerza al entrar en la batalla, pero yo estaba arrodillado y orando antes de entrar en la plaza para hablar a quince mil personas sobre quién es Jesús y cómo Él ha venido a darnos vida. Me refiero a que admitiré que tengo un sentido un poco macabro de la finalidad de la vida, pero prometo que obra para mi beneficio. Aunque llegué a arrodillarme solo una vez donde los matadores se detenían para orar antes de arriesgar sus vida, no fue necesario un elevado nivel de PSA o llenar un formulario titulado "Prueba de Vida" para hacerme entender el valor de la vida misma. Demasiados de nosotros actuamos como si fuéramos a vivir para siempre o como si la vida pudiera esperar hasta que estemos listos para vivirla. Pero cuando se trata de la vida, no tenemos vueltas de entrenamiento. No tenemos partidos de práctica. Y cuando se trata de la vida, tienes que actuar como si tu vida dependiera de ello.

ESPERAR HASTA QUE AMANEZCA

En medio del relato de Elías está extrañamente entre paréntesis una historia que acentúa el dilema de la vida y la muerte. Muestra que la vida y la muerte no son secuenciales; son concurrentes. Si ves la muerte solamente en tu futuro, puedes estar realmente posponiendo la vida también hasta tu futuro. A veces es necesaria una condición desesperada para hacernos estar lo bastante desesperados para escoger la vida.

Cuatro hombres con lepra estaban sentados en la entrada de las puertas de la ciudad. Se dijeron el uno al otro: *"¿Qué ganamos con quedarnos aquí sentados, esperando la muerte? No ganamos nada con entrar en la ciudad. Allí nos moriremos de hambre con todos los demás, pero, si nos quedamos aquí, nos sucederá lo mismo. Vayamos, pues, al campamento de los sirios, para rendirnos. Si nos perdonan la vida, viviremos; y, si nos matan, de todos modos moriremos"*.[2] Me encanta el optimismo de esta observación.

Ya era bastante malo ser un leproso. Sería peor ser un leproso en una época de hambruna. Y por si no era lo bastante malo ser un leproso en una época de hambruna, sería aún peor ser un leproso en una época de hambruna en medio de una guerra. Y si no era lo bastante malo ser un leproso en una hambruna en medio de una ún peor si tu lado estaba perdiendo la guerra. Cua- lejados fuera de su ciudad. Cuatro leprosos que han y abandonados por los suyos. Cuatro leprosos cuyos siendo carcomidos por una enfermedad incurable, en teniendo agudeza mental, al menos la agudeza su- ntender cuáles eran sus opciones.

a opción que tenía aún la más mínima posibilidad de pción que requería de ellos el mayor riesgo y la mayor ía sido más fácil para ellos rendirse a una situación naldecir a Dios por toda la tristeza que había per- radiera sus vidas, despreciar a su propio pueblo por haberlos abandonado, y darse por vencidos y rendirse a la muerte, pero en cambio ellos se rindieron a la vida:

> *Al anochecer se pusieron en camino, pero, cuando llegaron a las afueras del campamento sirio, ¡ya no había nadie allí! Y era que el Señor había confundido a los sirios haciéndoles oír el ruido de carros de combate y de caballería, como si fuera un gran ejército. Entonces se dijeron unos a otros: «¡Seguro que el rey de Israel ha contratado a los reyes hititas y egipcios para atacarnos!» Por lo tanto, emprendieron la fuga al anochecer abandonando tiendas de campaña, caballos y asnos. Dejaron el campamento tal como estaba para escapar y salvarse.*
>
> *Cuando los leprosos llegaron a las afueras del campamento, entraron en una de las tiendas de campaña. Después de comer y beber, se llevaron de allí plata, oro y ropa, y fueron a esconderlo todo. Luego regresaron, entraron en otra tienda, y también de allí tomaron varios objetos y los escondieron.*[3]

Ocultas en esta historia están una promesa y una revelación sobre cómo obra Dios en el mundo. Los leprosos fueron solamente para rendirse ante los arameos, pero Dios estaba haciendo lo que ellos no podían hacer. Él les estaba dando victoria sobre los arameos, pero lo que los arameos escucharon como los sonidos de carros, y caballos, y un gran ejército era en realidad el sonido de pasos arrastrando de los cuatro leprosos que salían de su escondite para apelar a la misericordia de un ejército cruel. Los leprosos descubrieron lo que nunca podría haberse esperado. En medio de su miedo, los arameos dejaron todo atrás. De repente, cuatro leprosos sin hogar y sin esperanza eran los dueños de la riqueza de un ejército.

Eso nos hace preguntarnos cuántas veces decidimos quedarnos en nuestra desesperación, en lugar de permitirle que nos impulse hacia la abundancia que nos espera. Y estoy seguro de esto: cualquier cosa que Dios tenga para nosotros, cualquier promesa que Él desee cumplir en nuestras vidas, cualquier riqueza que quizá nos espera, la encontraremos solamente cuando decidamos cruzar las líneas enemigas y rendirnos a la vida. Aquellos cuatro leprosos no estaban satisfechos simplemente con esperar la muerte; tomaron la decisión absurda y ridícula de creer en la posibilidad de que la vida les estuviera esperando aún. Y solamente después de actuar fue cuando descubrieron que Dios ya estaba obrando a favor de ellos.

A veces culpamos a Dios por su falta de interés, mientras todo el tiempo lo que falta es nuestra urgencia. Esperamos que Dios actúe, pero nunca nos hacemos responsables de actuar nosotros mismos, razón por la cual hay tantos de nosotros que nunca llegamos hasta esa última flecha. Decidimos que jugar a lo seguro es la decisión razonable. Nos decimos a nosotros mismos que solamente los necios creerían que su mejor futuro existiría en un lugar de su peligro más grande. De lo que podemos estar seguros es de que Dios nunca es apático. Si hay alguna apatía implicada, es nuestra. Lo que de hecho podría estar en juego es que no nos hemos preparado para recibir lo que Dios quiere darnos. Es desafortunado, pero con demasiada frecuencia es la desesperación lo que crea apertura a la provisión de Dios. Y detrás de una desesperación por nuestra propia sobrevivencia, somos más capaces de recibir las abundancias de Dios cuando salimos de nosotros hacia las necesidades de otros.

Cuando los leprosos habían tomado plata, y oro, y ropas, y fueron y los escondieron para ellos mismos, y mientras iban de tienda en tienda para comprobar qué otras cosas podían agarrar, se detuvieron y se miraron unos a otros, y supieron que si esa era la provisión de Dios, no sería eso lo que Dios querría que hicieran con ella. Se dijeron unos a otros: *"Esto no está bien. Hoy es un día de buenas noticias, y no las estamos dando a conocer. Si esperamos hasta que amanezca, resultaremos culpables. Vayamos ahora mismo al palacio y demos aviso"*.[4]

Por lo tanto, fueron hasta las mismas personas que les habían abandonado, hasta el mismo rey que hizo cerrar las puertas cuando ellos quedaron fuera, y les declararon la noticia que parecía demasiado buena para ser verdad. Y la noticia no fue bien recibida. Después de todo, la invitación parecía aterradora: dejar la seguridad de tu fortaleza, abrir tus puertas, y salir fuera. Si te quedas donde estás, morirás una muerte lenta y dolorosa. Morirás de hambre y sed. Pero la verdad es que morirás de temor. Lo que descubrirás cuando abras las puertas es que la batalla ya ha sido peleada, la victoria ya ha sido ganada, y hay una abundancia esperándote, provisión lista;

lo único que tienes que hacer es actuar como si tu vida dependiera de ello.

El temor es como una lepra que va carcomiendo el alma, y nos conducirá a construir fortalezas que se parecen a la seguridad. El temor nos convence de que hemos dejado fuera los peligros que nos sucederían, en todo momento cegándonos al hecho de que no ha dejado fuera al mundo en absoluto. En cambio, el temor nos ha atrapado dentro de sí mismo. Nunca fue una fortaleza; siempre fue una cárcel.

Todo cambia cuando has entrado a la vida. Todo cambia cuando has experimentado la bondad de Dios. Todo cambia cuando ves cómo el universo está diseñado para la abundancia y no para la escasez. Eso no tan solo cambia la condición de tu vida, sino te cambia a ti.

Me encanta cómo cuatro leprosos que tenían todos los motivos para no interesarse nunca por nadie se miraron unos a otros en un momento cuando llegó a sus mentes la más profunda de las revelaciones. Cuando salimos de la muerte y entramos a la vida, no hay espera por el amanecer. Esconder lo que hemos encontrado, amontonar lo que se nos ha dado gratuitamente, sería el mayor crimen, una lepra incurable del alma. Si no es por otra razón, necesitamos escoger nuestras vidas más heroicas, porque un mundo necesita desesperadamente ver lo que es estar plenamente vivo. Lo que el mundo más necesita de ti es que estés plenamente vivo. Tú y yo, nosotros, necesitamos prueba de vida para encontrar vida, y ahora debemos ser prueba de vida para quienes la están buscando desesperadamente.

EL MOVIMIENTO ES VIDA

Ya seas un rey que tiene todos los recursos para construir una fortaleza para protegerte a ti mismo, o un leproso que se encuentra solo y desesperado, necesitas dejar de esperar a que alguien haga que tu vida cuente. Tienes que actuar. Tienes que actuar como si tu vida dependiera de ello, porque así es. La vida es acción. Solo los muertos se quedan quietos. La vida es movimiento; el movimiento es vida. Tienes que entender que en cualquier decisión que tomes, independientemente de cuánto logres, una cosa es segura: todas nuestras vidas terminarán. Eso no está en cuestión. Es la inevitable realidad de ser humano. La pregunta sigue siendo: ¿decidirás vivir, o te limitarás a quedarte ahí sentado hasta que la muerte te lleve?

Pero si sigues con cuidado la historia de los leprosos, sabrás que lo que está en juego es mucho más que solamente tú. La única manera en que actuarás como si tu vida dependiera de ello es si entiendes que las vidas de otros dependen de si tú actúas o no actúas. La historia de los cuatro leprosos podría haber terminado mucho antes. Sin duda, la historia de los cuatro leprosos que se convirtieron en dueños de la riqueza de una ciudad encajaría de manera más natural en las narrativas comunes de un materialismo que demasiados de nosotros hemos aceptado.

Debido a que los leprosos no tenían nada, no debería sorprender a nadie que cuando se presentó la oportunidad, ellos intentaron apropiarse de todo. Lo que hicieron es lo que haríamos la mayoría. Ellos saciaron su hambre y su sed, comieron y bebieron, y saquearon el campamento arameo, y se vieron sobrecogidos por su propio temor y quizá una avaricia que anteriormente no había tenido oportunidad para revelarse. Ellos comenzaron a acumular todo lo

que encontraron y lo escondieron, para que así no pudieran arreba-
társelo. Al principio agarraron lo que necesitaban, y después agarraron mucho más de lo que necesitaban, pensando todo el tiempo
en nadie que no fueran ellos mismos. Después de todo, debieron
sentirse justificados. Nadie se había interesado jamás por ellos, nadie había hecho provisión para ellos, a nadie le importaba si ellos
vivían o morían, nadie actuó a favor de ellos; entonces, ¿por qué
tenían ellos que preocuparse por nadie? No creo que ellos tomaran
una decisión consciente de no pensar en otros. Creo que al principio estaban tan consumidos por su propia buena fortuna que no
pensaron en nadie excepto en sí mismos.

Estoy convencido, sin embargo, de que incluso los peores de nosotros, en nuestros peores momentos, tenemos una voz interior que
nos llama a una nobleza inesperada. Estoy convencido de que esa
es la voz de Dios. Fue casi como si los leprosos tuvieran esta revelación de la conciencia: *Lo que estamos haciendo no está bien.* Pero
no era realmente equivocado; lo único que estaban haciendo era
disfrutar de su buena fortuna y aceptar la provisión de Dios en sus
vidas. Sinceramente, si esta historia terminara aquí, reflejaría mejor la enseñanza dominante que popularmente se enseña como el
evangelio de la prosperidad. Después de todo, las Escrituras están
llenas de promesas de la buena voluntad de Dios y su intención
hacia nuestras vidas. Hay muchos lugares donde Dios habla de su
deseo e intención de derramar prosperidad e incluso abundancia
sobre nuestras vidas. Quizá las más familiares son las palabras de
Jeremías en las que Dios nos recuerda: *"Porque yo sé muy bien los
planes que tengo para ustedes... planes de bienestar y no de calamidad,
a fin de darles un futuro y una esperanza".*[5]

Este sistema de creencias se ha difundido por todo el mundo, con mayor rapidez entre los pobres. No debería sorprendernos que quienes están en las condiciones más desesperadas sean quienes estén más desesperados por creer que hay una abundancia esperándoles si ellos simplemente confían en que Dios proveerá. El gran problema con las distorsiones de la verdad es que son distorsiones de la *verdad.* Y hay mucha verdad sobre la cual está construida esta distorsión. Dios es por nosotros. Él desea bendecir nuestras vidas e incluso prosperarnos. Sus planes e intenciones hacia nosotros son siempre mayores que los nuestros. Si se lo pedimos, Él nos llevará a viajes que están muy por encima de lo que podamos pedir o imaginar.

El problema, desde luego, es que la seguridad de provisión de Dios para nuestras vidas no es una promesa de que todos tienen una gran riqueza que les espera. La abundancia de la que Jesús habla cuando promete vida abundante es mucho más rica que cualquier objeto que nosotros pudiéramos jamás comprar o que cualquier posesión que pudiéramos tener jamás. A veces nos enojamos con Dios porque nunca nos da lo que esperamos de Él. Aún así, para otros de nosotros, hay una comprensión más crítica. En algún lugar se asumió que cuando Dios sí nos dirige a una gran riqueza, cuando Él provee para nosotros muy por encima de nuestra imaginación, esa prosperidad se supone que es el final de la historia.

Pero incluso para cuatro leprosos que se tropezaron con una riqueza de recursos interminable dejada para ellos cuando Dios hubo expulsado a sus enemigos, la historia nunca tuvo intención de terminar ahí. Los cuatro leprosos no tenían un guión que seguir, pero tenían una comprensión clara de quién era Dios y cómo obraba

Él en el mundo. Ellos sabían que no había manera de que Dios proveyera tanto solamente para que ellos lo acumularan. Ellos sabían que se habían convertido en receptores de la bondad de Dios y que no podían guardársela para ellos solos. No hay nada de malo en disfrutar de la abundancia que Dios te ha dado, pero hay algo terriblemente equivocado cuando crees que todo lo que Dios te ha dado te lo dio teniéndote en mente solamente a ti.

Actualmente tendemos a enfocarnos demasiado en lo que hemos de hacer con nuestra vida y cómo podemos maximizar nuestros dones, talentos, y potencial. He conocido a muchas personas cuyas luchas más profundas se tratan sobre descubrir su propio destino. Al principio yo no lo veía, pero después de un tiempo el patrón quedó claro. Queremos que Dios nos prospere. Queremos que Él nos dé vida abundante. Queremos que Dios haga realidad nuestros sueños. Sabemos que tenemos talento. Sentimos que hay grandeza en nuestro interior a la espera de ser despertada. Tenemos oportunidades innumerables, y sin embargo, nos sentimos en cierto modo paralizados. Es como si toda esa capacidad dada por Dios estuviera bloqueada en nuestro interior. Y somos confundidos por ese rompecabezas irresoluble del porqué querríamos que Dios haga más. Tenemos la sensación de haber llegado a ser menos, lo cual provoca una pregunta interesante: ¿Podemos ser menos que un leproso dejado en el desierto en medio de una guerra a la espera de morir? Y la respuesta es sí. Es un sí trágico. Podemos convertirnos en acumuladores que se aseguran de que ninguna otra persona pueda tomar lo que nos ha sido dado.

La última flecha te lleva de lo que Dios hará *por* ti hacia lo que Dios hará *por medio de* ti. La última flecha se golpea tan solo cuando debemos actuar no solo como si nuestra vida dependiera de ello, sino como si las vidas de otros también dependieran de ello. Demasiados de nosotros actuamos como si tuviéramos todo el tiempo del mundo, mientras el mundo se está quedando sin tiempo desesperadamente. Mientras estemos viviendo para nosotros mismos, seguimos vagando en la oscuridad de la noche. Cuando golpeas la última flecha, has decidido que no hay que esperar hasta el amanecer.

Me encanta la sorpresa que se encuentra en esta historia: cuatro leprosos cuya mayor ambición era sobrevivir y vivir un día más, se encontraron siendo los benefactores que proporcionaron un futuro para un pueblo desesperado. Cuando actúes como si tu vida dependiera de ello, descubrirás que tu vida nunca tuvo la intención de tratarse solo de ti. Cuando decides vivir, te conviertes en una fuente de vida. Puede que sea tu riesgo, pero nunca es tan solo tu recompensa. La tragedia de una vida que nunca se vive plenamente no es únicamente la pérdida de esa vida. La tragedia es el número interminable de vidas que habrían sido cambiadas para siempre si hubiéramos decidido vivir de modo diferente. El llamado a vivir tu vida más heroica no es para que puedas recostarte al final del día y sepas que eres un héroe. De hecho, las vidas más heroicas las viven aquellos que nunca piensan en sí mismos, sino tan solo en aquellos por quienes han entregado sus vidas.

DE DONDE PROVIENEN LOS HÉROES

Conocí a Luciano Meirelles en Sao Paulo (Brasil). Me sorprendieron su calidez y su inteligencia. Luciano debería haberse convertido en una trágica estadística de abuso y abandono. Incluso mientras me contaba su historia, comenzó diciendo que él sabía que su historia no es poco común. Te aseguro que lo es. Su madre era adicta a la heroína y quedó embarazada de Luciano cuando era tan solo una adolescente. Su adicción era tan grave que siguió consumiendo drogas incluso durante su embarazo. Quienes conocían a su madre no esperaban que su bebé llegara a término, y la probabilidad de que su hijo naciera con graves defectos de nacimiento y discapacidades físicas y mentales insuperables era casi certera. Su padre era traficante de drogas y también consumidor, y la conducta autodestructiva de ese hombre no proveía protección alguna para Luciano ni para su madre. Cuando Luciano nació, las únicas personas que estaban en la habitación eran la madre que lo dio a luz y la madre de su padre, quien llegó a pesar del hecho de que toda la familia había decidido renegar de ellos. Su padre no se molestó en estar. La mayor parte de su familia no se molestó en estar. La habitación estaba prácticamente vacía.

Cuando Luciano llegó al mundo, esa habitación era un símbolo de lo que él encontraría cuando respiró por primera vez. Estaba solo. Los dos primeros años de su vida sus padres drogadictos se ocuparon de él, si puede usarse esa expresión de alguna manera para describir el mundo en el cual vivía. Luciano no estaba simplemente mal nutrido, sino que hubo muchos días que pasaba sin ser alimentado, ni atendido ni cuidado. No fue un milagro pequeño el que Luciano viviera después de su segundo cumpleaños. Su padre desapareció, y esencialmente se convirtió en un desconocido para él. Su madre fue asesinada cuando él tenía doce años. Cuando los padres de su padre ya no pudieron soportar ver la vida a la que había nacido ese muchacho, intervinieron y se ofrecieron a adoptar a Luciano. Él tenía un padre y una madre, pero nunca tuvo realmente padres, y ahora, de modo extraño, sus abuelos se convirtieron en sus padres. Incluso con una familia amorosa y un lugar que realmente podía llamar hogar, sería improbable que Luciano pudiera jamás sobreponerse a las profundas heridas y al trauma insoportable de su niñez.

Cuando era un adolescente, Luciano decidió irse de casa y hacer su propia vida en este mundo. Cuando tenía veintiún años, se casó con su novia, Cintia, que en ese tiempo tenía solo diecinueve años. Recuerdo que cuando íbamos conduciendo juntos, él expresó tranquilamente que tenía la seguridad de que el dolor y las cicatrices de su niñez tuvieron un efecto directo en la calidad de su trabajo y en su capacidad personal como hombre de negocios. Cuando me relacioné por primera vez con Luciano mientras estaba en Río de Janeiro, él estaba en medio de una de las negociaciones sobre negocios más complicadas de su vida. Tras bastidores, el hijo de una adicta a la heroína estaba negociando las complejidades de la Copa Mundial de 2014, y en un tiempo de turbulencia política y económica, él fue capaz de albergar uno de los mayores eventos deportivos del mundo.

No puedo señalar con exactitud lo que Luciano hace para ganarse la vida; solo sé que requiere que viaje a Ginebra (Suiza), a Chicago (Illinois), y a Sao Paulo (Brasil), sin mencionar otras partes de Europa y de Sudáfrica. Mi mejor explicación es que él es un empresario en serie y también un consultor estratégico para los líderes de mayor nivel en el mundo. Él es increíblemente discreto, y habría que esforzarse mucho incluso para conseguir que él hable de sus logros, mucho menos de sus adquisiciones. Pero cuando le pregunté en cuántos empleos en todo el mundo calcularía que había participado para crearlos, él pensó por un momento y redondeó la cifra hasta treinta mil.

Podríamos tratar la historia de cuatro leprosos que se encuentran con riquezas suficientes para salvar a una ciudad entera como una fábula inspiradora que no tiene base alguna en la realidad, y sin embargo yo conozco a uno de esos cuatro leprosos. Su nombre es Luciano Meirelles. ¿Quién habría supuesto nunca que salvar la vida de este muchacho en Sao Paulo (Brasil), algún día proveería el medio de vida para treinta mil personas en el mundo?

LA PORCIÓN DEL REY

Tienes que actuar como si tu vida dependiera de ello, porque nunca es tan solo tu vida la que está involucrada. Jamás te conformes con menos porque el mundo necesita desesperadamente todo lo que tú puedes aportar a la mesa. Cuídate de aceptar el tipo de espiritualidad que tiene un profundo desdén por la ambición, y oculta la apatía tras un lenguaje de simplicidad. Si quieres vivir una vida simple, eso es hermoso. Si quieres utilizarlo como excusa para vivir por debajo de la capacidad que Dios te ha dado, eso es negligencia.

Siempre he pensado que era extraño que personas que pueden crear riqueza considerarían que es más espiritual escoger una vida de pobreza. Las personas pobres no escogen ser pobres. Quienes están atrapados en la pobreza no escogen estar atrapados en la pobreza. No ayudamos al mundo escogiendo ser menos o hacer menos; ayudamos al mundo escogiendo ser más y dar más. No hay virtud en que se nos den diez talentos, pero escojamos estar satisfechos con vivir como si tuviéramos solamente un talento.

Recuerda que Eliseo se enojó con el rey Joás porque él golpeó la flecha solo tres veces. Me pregunto cuántos de nosotros nos encontraremos en una conversación con el Creador del universo que nos pregunta: "¿Por qué te conformaste con menos? ¿Por qué permitiste que tu debilidad definiera quién eres? ¿Por qué no actuaste como si tu vida dependiera de ello? ¿Por qué renunciaste a la vida? ¿Por qué te diste por vencido conmigo?". Casi podemos oír los ecos de la voz de Eliseo: "¿Por qué dejaste de golpear la flecha?". Deja de quejarte de tus circunstancias. Deja de ahogarte en tu desesperación. Deja de utilizar tu crisis presente como excusa para no afrontar el reto que tienes delante. ¡Agarra la flecha y golpea!

Un leproso es más poderoso que un rey, si el leproso se mueve hacia la vida que Dios creó para que la viviera y el rey no lo hace. Y aunque parece que ambos viven en mundos totalmente diferentes, el leproso y el rey están relacionados. Todos estamos relacionados. Necesitamos actuar como si nuestras vidas dependieran de ello, porque todo está relacionado y todo lo que hacemos importa. Sentimos esta interconexión cuando la vida de otra persona afecta a nuestra vida, y la sentimos cuando las decisiones de otra persona afectan directamente a nuestras decisiones, pero con mayor frecuencia subestimamos cómo nuestras vidas influyen en las vidas de otros.

BELLEZA COLATERAL

Mi amigo Luciano Meirelles preguntó si yo daría una charla en una exposición de arte presentando a su hija Deborah al mundo del arte en los Estados Unidos. Ella tenía solo diecisiete años y ya había sido admitida en cinco de las escuelas de arte más prestigiosas del mundo. Pronto se dirigiría a Parsons Paris para unirse a una selección de artistas de élite que habían sido identificados como los mejores del mundo. Me sorprendió cuán alejado está el mundo de su hija del mundo de su madre. Describir el trabajo de Deborah como asombroso es quedarse corto. Su trabajo es a la vez imaginativo y preciso; su arte es a la vez provocativo y profundo. Es difícil entender el nivel de destreza y de talento que puede estar contenido en una muchacha de diecisiete años.

Le pregunté a Luciano cuándo se descubrió que Deborah tenía ese talento tan extraordinario, y él dijo que fue solo dos años antes, cuando ella tenía quince. Luciano y Cintia le dijeron a Deborah que todos se mudarían desde el Sur de California a Sao Paulo. Imagina decirle a una muchacha de quince años que tiene que dejar California y a todos sus amigos, todos los lugares que ha llegado a conocer y amar. Deborah se describía a sí misma en aquel momento como inexpresablemente enojada. Y mientras su padre intentaba explicarle por qué tenían que regresar juntos como familia, ella garabateaba frenéticamente en una servilleta de papel, usándola como una manera de desahogar su enojo y su desaprobación. Cuando terminó la conversación, su padre vio la servilleta y decidió guardársela en su bolsillo.

Más adelante, él le preguntó cuánto tiempo llevaba haciendo cosas como esa, y ella dijo que no mucho tiempo. Él dijo: "Mira, esto es realmente bueno", y ella respondió que no era nada, que era solo algo que hizo mientras estaba enojada. Entonces surgió en su vida una oportunidad, o un problema, dependiendo de cómo se mire. Ella tenía un amigo que no podía salir de su casa porque no podía caminar y no tenía una silla de ruedas. La silla de ruedas costaba alrededor de 5.000 dólares, y Deborah quería desesperadamente ayudar a que pudiera comprarla.

Entonces se presentó su padre con la oportunidad. Iba a tener lugar una exposición de barcos, y el dueño, que había visto algunos de los bocetos de Deborah, se ofreció a crear una galería donde ella pudiera vender sus obras. Ella creó diez piezas de arte solo en cuestión de días, y cuando terminó la exposición, había ganado 20.000 dólares. Aquella fue la primera vez que ella intentaba vender una de sus obras. Con esos 20.000 dólares pudo comprar la silla de ruedas para su amigo, y con el resto del dinero financió dos proyectos humanitarios en diferentes partes del mundo. Con diecisiete años, ella ya estaba viendo su arte no solo como una manera de expresar su propia narrativa interior o de expresar su propio talento dado por Dios, sino también como un vehículo para hacer el bien en el mundo. Para Deborah, el arte es más que algo que Dios le ha dado para su propio disfrute; el arte es un recurso que se le ha confiado y un vehículo mediante el cual ella puede hacer del mundo un lugar mejor.

El hijo de una adicta se convierte en el padre de una artista. Nacido en un mundo de traficantes de drogas, él da a luz a un mundo de traficantes de esperanza. No hay manera posible de que Luciano, cuando tenía diecisiete años, pudiera haber visto cómo las decisiones que tomaba influenciarían a la hija que tendría cuando ella tuviera diecisiete años. Pero todos estamos conectados y nuestras decisiones nunca son solamente nuestras. Afectan a quienes nos rodean y también tienen un efecto sobre quienes llegarán en el futuro.

Sería bonito si pudiéramos ver el futuro. Habría sido mucho más fácil para aquellos cuatro leprosos si pudieran haber visto el campamento arameo abandonado. Habría requerido mucho menos de ellos si pudieran haber sabido de antemano que había una abundancia esperándolos. Habría sido mucho más fácil si hubieran sabido que Dios había preparado el camino. No tenemos ese lujo.

El futuro se revela solamente cuando se convierte en presente. Por eso es tan importante actuar como si tu vida dependiera de ello. Tus acciones tienen ímpetu. Cada acción tiene una reacción; cada decisión da entrada a un futuro. Si te quedas sentado, si no te mueves y esperas que el mundo mejore, si te conformas con lo que hay porque lo que deseas demanda demasiado de ti, entonces esto llamado vida siempre te parecerá elusivo. La existencia es una muerte lenta; la mediocridad es como arena movediza que te consume lentamente y te chupa la vida. ¿Qué será necesario para crear en ti un sentimiento de urgencia? ¿Qué condiciones o circunstancias serán necesarias para que finalmente te niegues a rendirte a la muerte y tomes la difícil decisión de vivir? La mayoría de nosotros sabemos que es espiritual orar, pero de algún modo pasamos por alto el hecho de que es tan espiritual como actuar.

EN BUSCA DE REFUGIO

La última familia que conocí mientras estábamos en el Valle Bekáa la encabezaba una mujer siria de cincuenta y cinco años que tenía aspecto de tener unos ochenta. Su esposo había sido asesinado antes de que salieran de Damasco, y el padre de sus nietos se había ido a Alemania más de dos años atrás, y no habían sabido nada de él desde entonces. Todos los otros familiares habían sido tomados como rehenes, encarcelados, o ejecutados. Ella estaba sola en ese campamento temporal con tres nietos, todos ellos menores de diez años. Ella contaba su historia entre lágrimas, y en ocasiones sus palabras eran ininteligibles porque el llanto la sobrecogía y su tristeza parecía consumir todo el oxígeno de sus pulmones.

Nos fuimos cuando oímos el llamado a la oración. Ella era musulmana devota, específicamente musulmana suní, y queríamos respetar su deseo de rezar y pedir ayuda a Dios. Nos fuimos calladamente, y aunque los niños eran un hermoso deleite, quedé abrumado por la tristeza. La realidad de su condición era grave, por decir menos. Ellos no tenían esperanza, ninguna salida, ningún futuro que cualquier ser humano querría para sí mismo o para algún ser querido, y nosotros nos alejábamos, regresando a nuestras estupendas vidas, regresando a todas nuestras comodidades, a todas las provisiones por las que daríamos gracias a Dios.

Mientras caminábamos, le pregunté tranquilamente al representante de la agencia humanitaria con la que trabajábamos si yo podría ayudar a esa familia aunque fuera en algo pequeño. Sabía que iba en contra de la política y los procedimientos. Sabía que sería inapropiado darles dinero directamente, y que teníamos que respetar el proceso, pero simplemente no podía librarme del hecho de que tenía en mi bolsillo más dinero del que la familia vería en tres meses. A tan solo pies de distancia de ellos, tenía dinero suficiente para comprarles comida y provisiones que de otro modo nunca llegarían a ellos. La respuesta que recibí era la que esperaba. Él me dio las gracias amablemente por mis buenas intenciones, pero me recordó que eso violaría el proceso que ellos habían implementado para la participación continuada de los refugiados.

Puede que lo preguntara otras dos o tres veces, no lo recuerdo. Le dije que sabía que hacer esa donación no iba a resolver el problema, y que quizá mi deseo de hacerlo era más por lo que yo necesitaba dar que por lo que ellos necesitaban recibir. En realidad me reconcilié con la creencia de que no iba a poder darles dinero, hasta que otro de los trabajadores se acercó a mí y me dijo: "Vamos a dar un paseo". Debió haber visto la desesperación en mi mirada y sintió que yo estaba cerca de derrumbarme. De modo que caminamos otra vez hasta el campamento temporal donde vivía esa familia de cuatro miembros. La abuela ya estaba en su tiempo de oración. Yo no sabía lo que sería apropiado, o quizá lo sabía, pero no me importaba. Hice que los niños la interrumpieran y le pregunté si podía hablar con ella un momento. Ella se había cambiado la ropa que llevaba cuando la entrevistamos. Ahora iba vestida toda de blanco como muestra de reverencia a Dios.

Mediante el traductor, le expresé estas sencillas palabras: "A veces uno reza y a veces uno es la respuesta a la oración". Entonces le entregué la pequeña cantidad de dinero que yo tenía. Pedí que Dios la bendijera y me fui, para no volver a verlos más.

Soy más que consciente de que no resolví la crisis de refugiados sirios. Ni siquiera la resolví para aquella familia. Pero eso no cambia la verdad de ese momento. A veces oramos; a veces somos la respuesta a la oración. Tú te conviertes en la respuesta a la oración cuando actúas como si tu vida dependiera de ello. Porque así es. Y así es para las vidas de todo aquel a quien tu vida toca.

MANTÉN TU TERRITORIO

Aunque he viajado muchas veces al Oriente Medio, el primer viaje al que llevé a toda mi familia fue en el 2001 a Beirut (Líbano). En ese viaje estuvimos allí concretamente para pasar tiempo con una familia a la que habíamos llegado a apreciar mucho. Nabil y Mimi Khoury eran parte de nuestra comunidad en Los Ángeles antes de mudarse a Beirut. Mimi trabajaba como mi asistente personal, y entonces conoció a Nabil en una conferencia sobre relaciones entre cristianos y musulmanes. Nabil era libanés y tenía un interés y una pasión únicos por los musulmanes en su país. Mimi siempre había tenido un profundo interés por el Oriente Medio y un gran amor por los pueblos islámicos.

En el 2001 ellos eran padres jóvenes que pronto estarían criando a cuatro niños pequeños. Y mientras que muchos de nosotros estamos acostumbrados a las comodidades que nuestras vidas en el mundo occidental nos permiten, Mimi y Nabil vivían en el quinto piso de un complejo de apartamentos en Beirut donde había muy poco espacio para todos ellos en el lugar que llamaban hogar.

Muchas personas vienen y van cuando se trata de trabajo humanitario y de servir en los lugares más difíciles del mundo, pero Mimi y Nabil estaban decididos. Tenían una profunda intención no solo de servir en Beirut, sino también de llegar a ser una parte integral de su comunidad. Nuestra congregación en Los Ángeles decidió hacer algo que nunca habíamos hecho antes por nadie: decidimos construirles una casa. Les dije a Mimi y Nabil que encontraran un terreno y que nosotros construiríamos su futuro hogar.

Si construyes una casa en las afueras en los Estados Unidos, podrías tener en cuenta cosas como dónde están las mejores escuelas o en qué tipo de barrio quieres educar a tus hijos. Para Mimi y Nabil, la cuestión era mucho más importante. Líbano está dividida en pedazos por divisiones religiosas y culturales. Hay zonas donde viven los drusos y zonas donde viven los sunís. Están las zonas para los chiís y otras zonas para los cristianos. Y aunque puede haber alguna variación sobre el tema, no te vas a la zona suní, hablando en general, si eres cristiano, y no te vas a la zona cristiana si eres chií. Ni siquiera cruzas las líneas si eres un druso en otra expresión de la fe islámica. Cada uno tiene su propio barrio basándose en cuáles son sus creencias. Líbano es una nación dividida por la religión. Por lo tanto, podrás imaginar la controversia que surgió entre quiénes estaban cerca de Mimi y Nabil en Líbano cuando decidieron que construirían una casa ubicada en una colina que durante años fue un terreno de batalla fortificado con búnkeres militares y recorrido por múltiples trincheras. Era la intersección de las comunidades cristiana, católica e islámica.

Cuando la pareja me enseñó los planos para la casa, era muy modesta y funcional. Creo que se sorprendieron de que esa casa no sería adecuada y que nosotros no invertiríamos nuestro dinero en una casa que sería tan restrictiva para su trabajo. Les encargamos que regresaran con un plan en el que pudiéramos construir una casa para ellos que reflejara su valor de la hospitalidad. Queríamos que tuvieran un lugar donde pudieran compartir sus vidas con las muchas personas por las que estaban profundamente interesados.

En el 2006 esa casa quedó totalmente terminada. Mimi, Nabil y sus cuatro hijos tenían un hogar y un lugar para ofrecer refugio a quienes buscaban esperanza y significado. Para Nabil y Mimi, comprar ese terreno y construir su hogar fue decidir negarse a la seguridad de rodearse de una comunidad de cristianos. En cambio, estaban poniendo en riesgo sus vidas para hacer una declaración más profunda de que aunque ellos no eran musulmanes, el pueblo musulmán era su comunidad, sus amigos, sus vecinos, su familia. El hecho de que esta familia escogió ese terreno en particular expresaba de modo conmovedor al mundo que les rodeaba: *Es justamente aquí donde mantenemos un territorio.* El lugar donde pusieron el cemento para la entrada a la casa era precisamente el terreno donde los tanques israelíes se ubicaban sobre una colina para sembrar de bombas y fuego de artillería el terreno que tenían debajo.

Casi en cuanto la casa quedó terminada y ellos hicieron una gran inauguración, Beirut volvía a estar en guerra. Yo estaba en Los Ángeles viendo la CNN mientras llamaba a Nabil en Beirut para ver si ellos estaban seguros. Era surrealista estar en su patio con Nabil más de diez años después, mientras él contaba la historia desde su perspectiva, casi riéndose como si tuviera un elemento de comedia. Él explicaba: "Erwin, aquí es donde yo estaba de pie, mirando hacia la ciudad, cuando me llamaste desde Los Ángeles. Recuerdo que me dijiste: 'Nabil, puedo ver las bombas caer sobre la ciudad de Beirut". Y se rió y dijo: "Sí, tú las estás viendo en la televisión. Yo estaba viendo caer esas mismas bombas mientras estaba de pie en mi patio".

Sus amigos y seres queridos que vivían en el centro de las comunidades cristianas rogaron a Nabil y Mimi que se fueran lo más rápidamente posible, y sin embargo ellos se negaron a irse aunque su hogar y sus vidas estaban en peligro. Solamente cuando se intensificaron los pesados bombardeos aéreos de los barrios chiís, sacudiendo literalmente su casa cada noche, y después de que todos en su barrio comenzaron a salir hacia una búsqueda frenética de refugio, ellos también se fueron. Nabil explicaba despreocupadamente que su estrategia de salida era siempre que tomarían dos autos y dividirían la familia en dos. De esa manera, si uno de sus autos era alcanzado por un explosivo, los niños que quedaran tendrían al menos a uno de sus padres para criarlos. El apartamento en el quinto piso donde habían vivido antes fue alcanzado por una bomba, y quedó casi destruido. La casa donde habían desafiado el sentido común y las barreras religiosas, y donde en cambio decidieron mantener su territorio, sigue en pie hasta la fecha.

Si quieres vivir la vida para la cual Dios te creó, si quieres vivir tu máximo potencial, si quieres vivir el tipo de vida que nunca se conforma, tienes que llegar a un lugar donde decidas dejar de correr y en cambio escojas mantener tu territorio. Y no estoy hablando de posicionarte sobre problemas, o dogmas, o creencias, pues esas cosas vienen y van y son con frecuencia circunstanciales. Aquí, lo que significa mantener tu territorio es mucho más profundo y fundamental para quien eres tú. Tienes que dejar eventualmente de intentar ser lo que todos los demás quieren que seas, y tienes que dejar de decidir llegar a ser solo lo que te resulta fácil. Tienes que decidir lo que te definirá. ¿Qué te marcará como persona? ¿Cómo serás conocido por los demás? Tus decisiones son el resultado directo de conocerte verdaderamente a ti mismo.

Francamente, creo que la mayoría de nosotros vivimos nuestras vidas con temor. Lo que llegamos a ser es menos el resultado de hacia dónde vamos, y más la consecuencia de aquello de lo que huimos. Es desafortunado, pero me identifico totalmente con eso. Desearía no hacerlo. Me gustaría poder decir que mi vida no ha estado nunca definida por mis temores. Me gustaría poder decir que mi vida no ha sido afectada por aquello de lo que huía, y que toda mi vida ha estado totalmente atribuida a aquello hacia lo que corría. Pero tristemente, yo soy como la mayoría de las personas cuando se trata de temor. La valentía es una posesión escasa y precaria.

APARTADO

El profeta Samuel, que vivió en la época del rey David, describió a los singulares individuos que se situaron al lado de David y crearon una feroz alianza con él. Dio más detalles sobre tres individuos en particular, y de cada uno contó una historia que sirve como el currículum para su liderazgo. El tercero es un hombre llamado Sama. Samuel describió un breve momento cuando los filisteos se reunieron en un lugar donde había un campo sembrado de lentejas, y las tropas de Israel huyeron de ellos con temor. Pero Sama mantuvo su territorio en medio del campo. Él lo defendió y derribó a los filisteos. Y se nos dice que, sin duda, el Señor produjo una gran victoria.[1]

Cuando imagino el incidente en mi mente, la imagen es como una escena sacada directamente de la película *Gladiator*, con una cinematografía que es una combinación de Ridley Scott y Terrence Malick. Un amenazador ejército filisteo se reúne en el límite de un campo de lentejas. Los israelitas los ven y se ven abrumados por el temor. Los filisteos son imponentes tanto en estatura como en su número. Son el pueblo de Goliat. Son guerreros por naturaleza. Son despiadados y aparentemente valientes. Los israelitas, por otro lado, claramente no están preparados para la guerra. Solamente ver a los filisteos les hace abandonar sus puestos. Corren para salvar sus vidas.

Irónicamente, correr por temor no es una solución para su problema. Los filisteos van a llegar, y finalmente habrá guerra, lo cual es un recordatorio para nuestras propias vidas. Cuando corremos por temor, solamente estamos posponiendo lo inevitable. Eventualmente tendremos que enfrentarnos a esos temores. Eventualmente tendremos que pelear esas batallas. Salir corriendo solamente nos hace más débiles a nosotros, y más fuerte a nuestro oponente.

Pero ahí está Sama, firme entre dos ejércitos: uno que llegó para pelear y el otro que sale corriendo por temor. Quizá al principio él mismo sale corriendo con sus hombres. Tal vez al principio cree que es una retirada estratégica en un intento de reposicionarse para así poder encarar al enemigo con cierta ventaja. Pero después llega un momento en que Sama se da cuenta de que, para su ejército, la batalla ya se ha perdido.

Solo puedo imaginar la satisfacción que debe llenar a los filisteos cuando se dan cuenta de que la batalla ha terminado incluso antes de empezar. Qué extraño debe ser cuando de repente ven a un solo hombre detenerse y darse media vuelta. Quizá Sama lo hace solo después de rogar en vano a sus hombres que mantuvieran su territorio. Tal vez es en ese momento cuando él entiende que todas sus apelaciones a su honor y su obligación son fútiles. Quizá cuando se encuentra solo es también cuando encuentra su valentía. De repente, los filisteos ven detenerse a un solo hombre y darse media vuelta. Sama se queda solo contra un ejército. Se detiene en medio de un campo de lentejas y mantiene su territorio.

Quizá al principio los filisteos simplemente envían a un solo soldado, su campeón, para enfrentarse a Sama y poner fin a su insolencia. Y entonces, para sorpresa y consternación de ellos, Sama lo derriba. Tal vez envían entonces a tres, y después a diez, y finalmente a cuantos hombres tienen sed de sangre. Cruzan de prisa el campo de lentejas para ganar una guerra contra un ejército de un solo hombre.

¿Quién puede conocer la mente de este hombre? ¿Cómo podemos denominar su acto como otra cosa sino locura? ¿Cómo podría una persona tener tan poca consideración por su propia vida que escogería una batalla que nunca podría ganar? Nadie se burlaría de él por salir corriendo. Después de todo, simplemente se estaría incorporando a una legión de cobardes que juntos entretejían una historia de posibilidades imposibles que justificaban su cobardía.

Personas como Sama crean un problema para el resto de nosotros. Una persona que escoge vivir una vida heroica interrumpe la narrativa "Estamos viviendo una vida menor" como la opción aceptable. Incluso si Sama hubiera fracasado, incluso si hubiera muerto, en el momento en que mantuvo su territorio, cambió la historia. Él cambió el estándar. Es difícil contar la historia mientras estás sentado junto a la chimenea y explicas que no tuviste otra opción sino la de correr, porque algún niño inocente preguntará: "Pero ¿dónde está Sama?".

Para Sama, no tiene caso correr para salvar tu vida si cuando llegas no tienes razón por la cual vivir. Y si su terquedad no hace que las cosas sean ya bastante malas, el resultado hace que sean peores. Él no solo sobrevive, ¡sino que gana! Hace por sí solo lo que los ejércitos de Israel no creían que podían hacer juntos. Dios hace por medio de un solo hombre lo que claramente deseaba hacer por medio de todo su pueblo. Si no hubieran salido corriendo por temor, la historia de Sama habría sido la historia *de ellos*. Cuando Sama regresa con su pueblo, cansado de la batalla y cubierto de la sangre de sus enemigos, realmente no hay nada que necesite decir. Su presencia, solamente su existencia, es una acusación a cada uno de los hombres que huyeron. No esperes ser popular si decides elevarte por encima del status quo.

Tengo que preguntarme: ¿qué había en ese campo de lentejas en particular que inspiró a Sama a mantener el territorio? Quizá fue tan solo la intersección de dos ejércitos lo que lo llevó a ese lugar, o tal vez ese campo de lentejas era un indicador del alimento y los recursos que su pueblo necesitaría tener para sobrevivir. No hubo explicación sobre por qué ese lugar concreto. Quizá sea porque eso no se acerca a ser tan importante como el punto de toda la situación. Llega un momento y un lugar donde tienes que decidir: *Vale la pena pelear por esto. Este es mi territorio. Este soy yo. Esta es la vida que he escogido. No huiré. No permitiré que el temor me mueva de donde debería estar hacia donde él quiere que viva. Prefiero morir enfrentándome al desafío que existir huyendo de él.*

La clara realidad es que todos nosotros escogemos un terreno de sepultura mucho antes de que seamos enterrados en la tierra. Todos nosotros, ya sea de modo consciente o inconsciente, encontramos un terreno donde decidimos mantener nuestro territorio. Sin embargo, la realidad es que para demasiados de nosotros el lugar donde plantamos nuestros pies es raras veces el resultado de una elección decisiva de dejar de correr y comenzar a pelear.

UN FUTURO POR EL QUE VALE LA PENA LUCHAR

Siempre me he sentido atraído a las teorías de conspiración. Era un gran seguidor de la serie *The X-Files* (Expediente X), que presentaba a dos personajes llamados Mulder y Scully. Me sentí más que emocionado cuando escuché que los productores iban a hacerlos regresar en una película hace años, pero me sorprendió la narrativa que escogieron avanzar. Al final, tenía todo el sentido. Y aunque me gustaban mucho las historias que contaba el brillante creador de la serie, Chris Carter, fue muy decepcionante que su declaración final fuera "Lucha con el futuro". Aunque solo fuera por eso, esas cuatro palabras aseguraban que no podía haber un final satisfactorio para su historia. Si entregas todos tus esfuerzos a esa única tarea de luchar con el futuro, el fracaso es seguro. El mundo de Carter era el escenario perfecto para cada persona que batalla con la paranoia. Era una trama que entrelazaba conspiraciones del gobierno, invasiones alienígenas, y monstruos que persiguen nuestros temores más profundos y nuestra más oscura imaginación. En el mundo de Carter, el futuro era sombrío y deprimente, y había poco que pudiéramos hacer para cambiarlo.

El mundo de Mulder y Scully estaba lleno de conspiraciones. En su mundo, obraban fuerzas oscuras y no podían ser detenidas. Para ellos, el futuro era sombrío y ominoso. Lo único que podían hacer era luchar con el futuro en lugar de luchar *por* el futuro. Para luchar por el futuro debemos tener esperanza. Debemos creer que hay un futuro por el que vale la pena luchar. Simplemente no podemos luchar con el futuro. El futuro llegará, nos guste o no. De hecho, no hay nada que podamos hacer para evitar que llegue. Eso no significa que estemos indefensos cuando se trata del futuro, pero sí significa que tenemos que adoptar una postura diferente en cuanto a abordarlo.

No puedes luchar con el futuro, pero puedes crear el futuro. Luchar con el futuro es asegurar que estarás perdido y serás dejado atrás en el pasado. Para algunos, la idea de mantener el territorio es una resolución desesperada para encontrar algún modo de asegurar que el pasado es el futuro y que el futuro nunca sucede. Francamente, el tono apocalíptico de la fe cristiana ha situado a la iglesia como un enemigo del futuro. Los fieles se aferran al pasado y luchan con el futuro. Si he tenido una batalla en mi viaje de fe, ha sido que la iglesia parece marchar hacia el futuro caminando hacia atrás. Para muchos, la única esperanza de la fe es que algún día dejaremos esta tierra y seremos libres de un futuro que nos llena de temor. A menudo, nuestra mayor esperanza ha sido que Jesús regresará pronto. Sin embargo, estoy convencido de que ese es exactamente el punto de vista equivocado para cualquiera de nosotros que vive por fe. La fe es el combustible del futuro, y si Dios es el Dios de ayer, de hoy y de mañana, entonces el mañana debería llenarnos de inexplicable esperanza. Sin importar cuán sombrío pueda parecer el presente para aquellos que creemos, el futuro está siempre lleno de esperanza.

ATRAPADO EN EL TIEMPO

Es una experiencia surrealista cruzar las fronteras de naciones que no solo tienen ubicaciones geográficas distintivas, sino que también son expresiones de diferentes épocas de la historia. La mayoría de nosotros vivimos con el engaño de que todo el mundo está viajando en el mismo punto en el tiempo y que hoy significa lo mismo para todo el mundo en el planeta. Para muchos de nosotros que vivimos con el engaño de que estamos en la delantera de la historia, resultará una conmoción tremenda cuando visitamos Tokío y nos damos cuenta de que la tecnología que es común para ellos ni siquiera existe para nosotros. Lo contrario también es cierto. Cuando caminamos por las calles de Damasco o viajamos por Camboya, nos damos cuenta de que hay sociedades enteras al otro lado del mundo que siguen viajando por periodos de la historia de los que nosotros solo hemos leído en los libros. Para algunos lugares en el mundo, la Revolución Industrial es el siguiente gran avance cultural de su sociedad. Es difícil imaginar las mentalidades en el Oriente Medio que permiten las guerras tribales y las facciones religiosas para justificar la violencia y el terrorismo. La realidad, sin embargo, es que hace mil quinientos años nuestros ancestros veían el mundo de maneras muy parecidas.

El tiempo no es solo relativo; es también relativo a la geografía. Fue casi como si el reloj hubiera sido retrasado mágicamente hasta el año 1965 cuando aterricé en La Habana (Cuba). Mi iPhone se convirtió repentinamente en una nueva aplicación tecnológica.

Pulsa "Cámara" y toma una fotografía de cómo se veía el mundo cincuenta años atrás. (¿No sería una bonita aplicación? Podríamos poner la fecha 1517 y nuestras fotografías nos mostrarían el mundo en una época anterior). Cuatro meses después de mi nacimiento tuvo lugar la Revolución Cubana, y casi al mismo tiempo en que yo estaba emigrando desde El Salvador a los Estados Unidos, Fidel Castro estaba firmemente establecido como el líder de lo que se describiría como una república socialista. Cuba permaneció como uno de los últimos países del mundo en seguir la ideología marxista-leninista. Su constitución describe al partido comunista de Cuba como la potencia al mando de la sociedad y del estado.

Al vivir en Miami desde 1965 hasta 1974, experimenté de primera mano la masiva migración de refugiados cubanos. El régimen de Castro y la violenta implementación de su ideología socialista crearon un éxodo masivo de la clase intelectual y creativa de Cuba. Familias y amigos quedaron divididos; seres queridos nunca volvieron a verse; y en el espacio de toda una vida, de un solo pueblo fueron creados dos mundos diferentes. La migración cubana transformó Miami en lo que ha llegado a conocerse como Pequeña Habana. El pueblo cubano ha experimentado una prosperidad tremenda aunque escaparon sin otra cosa excepto sus vidas. Quienes fueron dejados atrás quedaron atrapados dentro de las fronteras de la pequeña isla que conocemos como Cuba. Para ellos, fue una historia muy distinta; fue como si el mundo se detuviera. Aunque han pasado cincuenta años, fue como si un martillo golpeara el reloj que medía el tiempo, y para ellos el mundo se detuvo en el momento en que quedó perdida su libertad.

Fue surrealista caminar por las calles de una ciudad donde el transporte parecía haber sido provisto por una empresa cinematográfica de Hollywood. Yo vivo en una ciudad que sabe cómo recrear el pasado, pero ahora iba caminando por una ciudad que *decidió* quedarse en el pasado. Pude ver con mis propios ojos el trágico efecto de mantener un territorio aferrándose al pasado y luchando con el futuro. A pesar de lo romántico y mágico que fue poder viajar por este país atrapado en un tiempo ya olvidado, también se convirtió para mí en un duro recordatorio de que todos nosotros estamos en peligro de perder el futuro si nos aferramos al pasado. Era incómodo estar en un lugar donde no hay Internet, no hay correos electrónicos, no hay mensajes de texto, no hay contacto con el mundo exterior, pero esas inconveniencias pronto dieron lugar a la comprensión de que hay personas hermosas allí que también ven que sus vidas no tienen futuro, no tienen libertad, y no tienen esperanza.

Por lo tanto, mi pregunta para ti es esta: cuando mantienes tu territorio, ¿estás luchando con el futuro o luchando *por* el futuro?

VIVA LA LIBERTAD

Había llegado a Cuba con otros tres hombres a los que acababa de conocer y que habían estado muchos años trabajando en Cuba. Una de las primeras personas que conocí en La Habana era un hombre amigable y carismático de unos setenta y tantos años. Él se presentó a sí mismo como Luis, nuestro conductor y guía turístico durante los pocos días que estaríamos viajando por Cuba. Estábamos de pie en el estacionamiento fuera del Aeropuerto Internacional José Martí y tuvimos nuestra primera experiencia de la

eficacia socialista. Esperamos allí cerca de tres horas a que llegara
nuestro auto rentado, lo cual necesitó no poca cantidad de negocia-
ción. Luis tenía un auto, pero no se le permitía llevar a extranjeros
en su vehículo. Durante las horas mientras esperábamos, él señalaba a los diversos vehículos donde personal militar nos vigilaba y
esperaba que cometiéramos la más ligera infracción para justificar
nuestra detención.

Como teníamos mucho tiempo en nuestras manos, comenzamos
a entablar una conversación maravillosa para llegar a conocernos
unos a otros. Al principio, Luis estaba vacilante en cuanto a contar
su historia, pero después de un rato, cuando evaluó nuestro interés
genuino, se convirtió en un libro abierto. Procedió a contarme una
historia mucho más fascinante de lo que yo podría haber inventado
jamás. Él fue la mano derecha de Fidel Castro durante casi toda su
vida adulta. Era un coronel del ejército y el único responsable de la
seguridad del presidente mismo. Sus décadas de servicio para Castro lo llevaron a más de cuarenta países en todo el mundo, y quizá
no había otra persona en toda la administración de Castro en quien
confiaran más que en él. Si Castro llegaba a ser alguna vez víctima
de alguna herida o necesitaba una transfusión de sangre, Luis era la
única persona en el mundo autorizada para donar sangre para salvar la vida de Castro. Su periodo de servicio terminó abruptamente
un día cuando lo llevaron a la oficina del presidente y fue acusado
de traición. Sin juicio ni evidencias, fue encarcelado en la prisión
más severa durante los dos años siguientes de su vida.

Cuando intenté entender lo que podría haber causado un giro tan
drástico de los acontecimientos, las piezas nunca encajaron. Incluso
años después, mucho después de que experimentara esa injusticia,

él seguía siendo un hombre de honor y se negaba a culpar a nadie. Pero hubo una extraña coincidencia de circunstancias que señalaron quienes le rodeaban.

Parecía que el coronel fue esencialmente un hombre no religioso durante toda su vida, mientras que su hermosa esposa era una persona de profunda fe. El idealismo y la fe de él estaban profundamente arraigados en las promesas de Marx y Castro. Durante la mayor parte de la vida de Luis, las enseñanzas de Jesús fueron irrelevantes para su vida, y ciertamente no una parte esperada de su futuro. Entonces, de modo inesperado, aquello a lo que nunca había estado abierto finalmente amplió su mente y su corazón. Quizá fue una coincidencia, tal vez fue tan solo una extraña coincidencia de circunstancias, pero poco después de su declaración de fe en Jesús y su bautismo público identificándose él mismo con el Salvador del mundo, esas dos decisiones le dieron una libertad que no había conocido nunca y le costaron toda la libertad que había conocido.

Ni una sola vez en nuestras conversaciones sentí ni siquiera una punzada de amargura o de remordimiento. De hecho, Luis fue un aliento e inspiración constantes para todos nosotros. Yo no estaba seguro de si habíamos ido a Cuba para ayudarlo a él o si él simplemente estaba esperando allí para ayudarnos. Lo que estaba claro era que él era un hombre que mantuvo su territorio, que decidió de qué trataría su vida, que sabía que sería más fácil salir corriendo, pero en cambio se encontró en un campo sembrado de lentejas y decidió: *Aquí es donde me mantengo.* Yo estaba seguro, incluso cuando nos despedíamos, de que acababa de conocer a un hombre que estaba agarrando su última flecha. Dentro de los confines de lo que nosotros consideraríamos una libertad limitada, él estaba viviendo una vida que era verdaderamente libre.

No sabía qué esperar mientras estábamos en Cuba. Yo era el invitado de un exjugador de béisbol de las Ligas Mayores cuya plataforma como lanzador de primera categoría abrió un mundo que estaba cerrado para muchos otros. Si el principio es mantener el territorio propio, ahí estaba un hombre que literalmente pasó su vida haciendo precisamente eso. Caminaba hasta un montículo, agarraba una pelota en su mano, y la lanzaba a una velocidad de casi cien millas por hora, retando a su oponente a golpearla si podía.

La psicología del lanzamiento me resulta fascinante. Para hacerlo al más alto nivel hay que tener una mentalidad particular. Eres tú contra el mundo. Quieres la pelota en tu mano; quieres que el partido descanse sobre tus hombros. Los lanzadores son comandantes. Cuando caminan en ese montículo, toda su intención es gobernar desde ese terreno. Los lanzadores mantienen su territorio, encaran a sus oponentes, y les encanta que la posibilidad de victoria descanse sobre ellos. La posibilidad de derrota no los elude, tan solo no los disuade. Está claro que algunas veces perderán, pero deciden que pueden vivir con eso porque solamente pueden conocer la victoria si se arriesgan a la derrota. Esa mentalidad es la que se necesita para golpear la última flecha. Si no vas al montículo, nunca lanzarás un *strike*. Si nunca lanzas un *strike*, nunca obtendrás la victoria.

Por lo tanto, no debería sorprenderme que el primer pastor que conocimos en Cuba fuera también un exlanzador. Allí hay una iglesia nacional, pero al igual que en muchos lugares del mundo, la iglesia oficial ni se acerca a ser tan poderosa como la no oficial. Hay algo de renegado con respecto al movimiento de Jesús. No se conforma bien a las normas y regulaciones impuestas por gobiernos o instituciones. Las expresiones más poderosas del movimiento de Jesús son siempre clandestinas o están fuera de la corriente principal. Tuvimos la maravillosa experiencia de ser invitados de una hermosa familia que vivía en un hogar muy humilde que había sido subdividido entre su residencia y el lugar donde se reunía su congregación. Fue allí una noche cuando llegaron personas que vivían a horas de distancia, ya fuera en bicicleta o a pie, para adorar juntos y ser alentados por su fe común.

Yo estaba allí solamente para observar, pero momentos antes del servicio me pidieron que diera un mensaje. Aunque el español es mi primer idioma, sin duda no es mi idioma principal. Créeme, mi sentimiento de ineptitud estaba en lo más alto, y podía pensar en mil razones para decir no, pero sabía que si dejaba escapar esa oportunidad, la recordaría como uno de esos momentos que no podría recuperar nunca. Después de todo, se trata de golpear la última flecha.

Por lo tanto, con un abuso horrible del idioma español, prediqué con todo mi ser durante treinta minutos a una multitud que abarrotaba un garaje y rebosaba hasta la calle, donde las personas estaban de pie bajo la lluvia para oír un mensaje sobre Jesús. Para mí, fue la misma sensación que hablar a veinte mil personas en un evento que sería televisado a todo el mundo. Hay algo poderoso en estar en un momento que es más grande que tú mismo. Me encanta el hecho de que cuando terminé, el pastor me miró y dijo: "Lo que acabas de hacer fue totalmente ilegal". Los dos nos miramos y sonreímos con una profunda sensación de satisfacción.

Es hermoso irte de un lugar con una aljaba vacía, pero es mucho más poderoso caminar al lado de quienes cada día de sus vidas golpean la última flecha. Incluso en un país que ha robado la libertad de su pueblo, están quienes cada día mantienen su territorio y luchan por su futuro. Y en muchos lugares donde tenemos una gran libertad, decidimos vivir con temor y aferrarnos al pasado.

Lo que debemos responder para nosotros mismos si decidimos no conformarnos nunca es: ¿Dónde hemos escogido mantener nuestro territorio? ¿Cuál es el terreno que definirá nuestra historia? Tengo por segura una cosa sobre todos nosotros: todos estamos de pie en algún lugar. Pero ¿cómo llegamos allí y por qué estamos allí? ¿Llegamos allí porque íbamos *huyendo* de algo, o corriendo *hacia* algo? ¿Marcan nuestros pies donde nos ha conducido el temor, donde nos ha llevado la fe?

Mantener nuestro territorio se verá diferente para cada uno de nosotros. Para mi esposa Kim significa subirse a un avión y volar al Kurdistán iraquí para estar al lado de los cientos de miles de refugiados kurdos, y ver si ella puede ayudarles a tener un lugar donde quedarse. Aquí en LA, decidimos mantener nuestro territorio en la esquina de Hollywood Boulevard y La Brea Avenue. Tres veces este pasado año nos vimos obligados a cancelar nuestras reuniones dominicales debido a amenazas de bomba, pero nuestros voluntarios valientes se mantienen impávidos.

La ironía es que veinte años atrás, cuando tomamos la decisión de asegurar que la iglesia tendría una presencia en medio de Hollywood, muchos de los líderes en nuestra fe no vacilaron en absoluto en decirnos que alcanzar Hollywood era una empresa sin esperanza. Y francamente, es mucho más fácil hacer la misma obra en las afueras que hacerla en la ciudad, y es mucho más fácil hacerla prácticamente en cualquier otra ciudad que en las ciudades que más lo necesitan. Cada vez que abrimos las puertas del edificio donde se reúne Mosaic, recuerdo que hoy hay miles de personas que han decidido mantener su territorio. No están luchando contra Hollywood; están luchando por Hollywood.

Para mí, Los Ángeles es nuestro campo sembrado de lentejas. Si la iglesia no hubiera huido de las ciudades, nunca habríamos perdido las ciudades.

ALGO NUEVO BAJO EL SOL

Al mirar atrás a mi viaje personal, la causa singular para mí de perder terreno o ceder terreno donde debería haber mantenido mi territorio, ha sido el temor. A veces ha sido el temor al fracaso, otras veces ha sido el temor al éxito, y con bastante frecuencia ha sido el temor al rechazo. Si las personas nunca han conocido el temor, nunca han tenido necesidad de valentía. Yo estoy bastante familiarizado con el temor, y la valentía ha sido demandada de mí más veces de las que he querido.

Hace más de una década me encontraba de un lado a otro en nuestra sala teniendo una conversación conmigo mismo que Kim interrumpió. Yo estaba al límite. Sentía como si fuera a explotar si no levantaba mi voz sobre algo de lo que había decidido mantenerme en silencio. Dije: "No puedo seguir en silencio. Necesito decir algo. Sé que Salomón estaba equivocado. Salomón estaba equivocado".

Mi maravillosa esposa, que tiene una maestría en teología, quedó inquietada inmediatamente por mi afirmación.

"¿De qué estás hablando?", me preguntó.

"Cuando Salomón dijo que no hay nada nuevo bajo el sol", dije yo, "estaba equivocado. Estaba equivocado. Estaba equivocado".

Kim tiene un modo único de relacionarse conmigo, y cuando oyó lo que dije, su respuesta inmediata fue: "Vas a ir al infierno". Kim utiliza lenguaje enfático. Aunque me encanta cómo ella expresa su verdad a mi alma con esa consideración de la consecuencia, su afirmación podría considerarse un poco dura, o en cierto modo el equivalente a un contundente trauma. Sé lo que ella estaba escuchando. Cuando yo decía que Salomón estaba equivocado, ella estaba oyéndome decir que la Biblia estaba equivocada. Yo no estaba diciendo que la Biblia estaba equivocada; decía que lo que Salomón dijo en la Biblia era equivocado.

Ella podía ver mi intensidad, y se sentía muy ansiosa. Yo sentía que Kim había empleado la mayor parte de nuestro matrimonio intentando ayudarme a encajar en el modo de pensar del resto del mundo. Ella siente profundamente el dolor de mi falta de capacidad para conformarme, y comenzó a implorar: "Por favor, no digas eso fuera de esta casa. Por favor, dilo solo aquí. Dímelo a mí si lo necesitas, pero, por favor, no lo digas en ningún otro lugar".

Por respeto a Kim, me guardé mis convicciones para mí mismo durante años. Dejé que ardieran y se cocieran dentro de mi alma. Viajé por el mundo, y dondequiera que iba, siempre que me encontraba con personas de fe, casi siempre sucedía. Cuando yo comenzaba a presentar una idea o un pensamiento, la respuesta de los líderes del pensamiento cristiano en todo el mundo era: "Erwin, no hay nada nuevo bajo el sol". Esta afirmación de Salomón se convirtió, desde mi perspectiva, en un virus letal que estaba matando el futuro de la iglesia. Después de todo, si no hay nada nuevo bajo el sol, eso nos da toda la justificación para vivir en el pasado.

En el 2008 me habían invitado a hablar en una conferencia donde asistirían más de diez mil personas y donde ya no pude permanecer callado por más tiempo. Sinceramente, sabía lo que me costaría. Sabía lo que le haría a mi reputación, a mi posición en la comunidad de fe. Entendía que el punto de vista aceptado de la realidad era que las palabras de Salomón eran totalmente ciertas y que pensar de modo distinto era ir en contra de las Escrituras. Tal como esperaba, aquella fue mi última invitación a esa conferencia. Incluso cuando me bajé del escenario, le dije a mi hijo que había llegado mi tiempo de dejar la escena pública y moverme en una dirección diferente con mi vida. Durante los seis años siguientes, prácticamente desaparecí del mundo que había llegado a conocer tan bien. Dejé de escribir libros; dejé de hablar en conferencias; comencé un negocio; me enfoqué en la moda y el cine. Me entregué a comenzar algo nuevo bajo el sol.

Al final de esos seis años me invitaron a dar una de las conferencias en la Cumbre de Liderazgo de Willow Creek. Me pidieron que escuchara a los oradores durante los tres días y diera el mensaje de clausura, redondeando lo que había escuchado durante esos días. Y ahí estaba de nuevo. No dejé de escuchar una, y otra, y otra vez este tema prevaleciente de que no hay nada nuevo bajo el sol; que lo único que hay que hacer es hacer lo que ya se ha hecho, mejor de lo que se hizo en el pasado. Hubo solamente una voz discrepante que sobresalió para mí en toda la conferencia: un gurú del mercadeo llamado Seth Godin. Él fue quizá el único orador que no era de la fe cristiana. Me sorprendió que la única voz que habló sobre el futuro como el resultado de un acto creativo fue la única persona cuya perspectiva de la realidad no estaba moldeada por esta perspectiva fija del futuro.

Sentada a mi lado, mi esposa podía sentir mi ansiedad. Incluso momentos antes de hablar, me preguntó qué pasaba. ¿Por qué parecía yo tan inquieto?

Voy a ser claro: no me resulta nada agradable acumular el desdén de otros. Me gusta caer bien. Me encanta que me quieran. Y cuando sentí en lo profundo de mi alma que el mensaje que di seis años antes y que me incluyó en la lista negra era el mismo mensaje que sentía que Dios estaba demandando que diera en ese momento, era lo último que yo quería hacer. Quería dar un mensaje que me diera mayor popularidad. Quería dar un mensaje que inspirara a todo el mundo y elevara mi valor. Pensaba que quería lo que todos nosotros queremos.

Y puedo decirte que en aquellas horas antes de pasar a la plataforma, estaba manteniendo una intensa conversación con Dios. Intentaba recordarle lo mal que fue seis años antes, por si acaso Él lo había olvidado. Intenté señalarle que mi vida no mejoró, sino que de hecho se volvió más difícil cuando abordé este tema ante su pueblo. Sé que parece una locura cuando hablamos de oír la voz de Dios y mantener conversaciones con Él como si fuera un amigo o un familiar, pero para mí estuvo muy claro. Lo que no oí de parte de Dios fue una apreciación empática de mi dilema presente. Lo que oí muy claramente fue que a Él realmente no le importaba si yo caía bien a los demás o no, y que tampoco le importaba si el mensaje aumentaría mi popularidad o le pondría un punto final, sino que lo único que debería importarme, porque es lo único que le importa a Él, es que yo diga la verdad.

Y sinceramente, para mí fue confuso que lo que yo creía no estuviera tan claro para todos. Sí, Salomón dijo que no hay nada nuevo bajo el sol, pero también dijo que todo es un absurdo.[2] Pero todo no es un absurdo. La vida puede estar llena de significado. Solo es un absurdo cuando nuestras vidas están ausentes de Dios. Sin embargo, cuando nuestras vidas están vivas en Dios, nuestras vidas están llenas de significado. Desde luego, no habría nada nuevo bajo el sol si viviéramos nuestras vidas apartados de Dios, pero nunca habíamos de vivir apartados de Él. Fuimos creados con la intención de que vivamos nuestras vidas con Él, y con Él siempre hay algo nuevo. De hecho, eso es lo que Dios dice por medio de Isaías cuando nos dice:

> *Olviden las cosas de antaño;*
> *ya no vivan en el pasado.*
> *¡Voy a hacer algo nuevo!*
> *Ya está sucediendo, ¿no se dan cuenta?*[3]

Entonces, ¿a quién hemos de creer: a Salomón cuando dice que no hay nada nuevo bajo el sol, o a Dios, que dice *"Voy a hacer algo nuevo"*? El mismo Dios que dice *"¡Yo hago nuevas todas las cosas!"*, el mismo Dios que nos dice que Él nos da un corazón nuevo y nos hace nuevas criaturas, el mismo Dios que nos llama a cantar un canto nuevo y cuyas misericordias son nuevas cada mañana.[4]

Tal como yo lo veo, el futuro es mi campo sembrado de lentejas. He descubierto a la iglesia caminando extrañamente hacia atrás hacia el futuro. La iglesia se ha convertido en una institución que preserva el pasado y le teme al futuro. No es una exageración decir que la iglesia se ha convertido más en un reflejo de aquello de lo que huimos, en lugar de aquello hacia lo que corremos. No es extraño que hayamos perdido nuestra capacidad de cambiar el mundo. No es extraño que la iglesia haya perdido su magnetismo para un mundo que busca esperanza. Somos considerados como guardianes de la tradición. La iglesia es conocida por luchar con el futuro, en lugar de crear el futuro que la humanidad necesita desesperadamente.

Tras ocho años, me invitaron precisamente a la conferencia donde decidí mantener mi territorio por primera vez y luchar por el futuro de la iglesia. Me resultó asombroso que una de las voces más respetadas y fiables dijo informalmente durante su sesión: "Todos hemos oído decir que no hay nada nuevo bajo el sol, y todos sabemos que eso no es cierto". Me encanta. Todos lo hemos oído decir, y quizá ahora todos sabemos que no es cierto.

LA BUENA BATALLA

Cuando escribí mi libro anterior, *El Alma Artesana*,[5] sabía que tenía que detenerme en el campo sembrado de lentejas y luchar, incluso si tenía que luchar solo. El libro es una antropología sobre lo que significa ser humano. Una pregunta desafiante para mí era: ¿qué nos hace singularmente humanos? En el núcleo está el argumento de que todo ser humano es a la vez una obra de arte y un artista trabajando. Ser creados a imagen de Dios se revela en la naturaleza creativa de la humanidad. Es una declaración sencilla, pero las implicaciones son sísmicas: igual que las abejas crean panales y las hormigas crean colonias, los seres humanos crean futuros. Sé que esa idea es inquietante para buenas personas de fe. Después de todo, ¿acaso no ha sido creado ya el futuro? ¿Es que no es Dios el único que tiene algo que ver con el futuro? ¿No es insolente y arrogante creer que tenemos algo que ver con la creación del futuro? Y el problema, desde luego, es que esta falsa perspectiva de la realidad nos permite abdicar a la responsabilidad que Dios nos ha dado.

Ni una sola palabra de este libro importa si tus decisiones no importan. Pero si tus decisiones tienen algún efecto sobre el futuro, entonces necesitas mantener tu territorio. Necesitas decidir dejar de salir corriendo con temor, y dar media vuelta y luchar la buena batalla. Necesitas decidir quién eres y lo que pretendes; por qué vives y aquello por lo cual estás dispuesto a morir. Hasta que decidas mantener tu territorio, vivirás tu vida como una hoja llevada por el viento. Te verás a ti mismo como una víctima de las circunstancias o, peor aún, de la crueldad de Dios.

Es extraño para mí, pero conozco personas que ya han comprado el terreno en el cual serán enterrados. Cuando he hablado con ellos, ese proceso fue increíblemente importante para ellos. Eligieron con cuidado las vistas y las personas que los rodearían. Qué extraño que haya personas en este mundo que hayan dedicado más cuidado a decidir dónde morirán que a cómo vivirán. Conocí a un hombre cuyo tío insistía en que lo enterraran con un paquete de seis cervezas en su ataúd. Es extraño lo que las personas quieren tener en su ataúd con ellas. Cuando yo muera, quiero asegurarme de que no quede ninguna flecha para ponerla al lado de mi cuerpo muerto. Solo quiero un aljaba vacía. Y ojalá tú puedas morir con tu aljaba vacía también.

ENCUENTRA A TU TRIBU

Uno de los grandes privilegios que he tenido en mi vida es conocer a personas extraordinarias, el tipo de personas de las que leemos o escuchamos en las noticias. Si te pareces a mí en algo, esos individuos extraordinarios parecen casi una especie distinta a cualquier tipo de criaturas que podamos ser nosotros. Incluso si se me permite estar solo un momento en presencia de ellos, quiero aprender todo lo que pueda y hacer todo lo posible por absorber cada aspecto de su ser. Me imagino que espero que su grandeza sea contagiosa, que en cierto modo se traspasará de ellos a mí, parecido a como sucedió con Elías a Eliseo. Ciertas personas sobresalen para mí debido a su inteligencia innegable, a su genialidad creativa, a su calidez y bondad incomparables, o a su energía sin igual.

Siempre hay algo acerca de ellos que te resulta inolvidable, desde Tony Blair a Colin Powell, desde FDR a JFK, desde íconos de los negocios como Richard Branson o empresarios sociales como Blake Mycoskie (TOMS Shoes), siempre existe la sensación de que ellos son un nivel distinto de seres humanos cuya grandeza es singular y autónoma. Cuando miramos más de cerca, sin embargo, comenzamos a darnos cuenta de que está en acción algo mucho más poderoso. Aunque los consideramos expresiones singulares de grandeza, ellos son de hecho más que eso. Ellos son la manifestación visible de una realidad mucho mayor. Son individuos que representan a un todo.

Aunque es innegable que ellos lograron grandes cosas, no lograron esas cosas ellos solos. De hecho, el contraste es donde realmente reside la verdad. Mientras mayor es el logro, más podemos estar seguros de que estuvieron rodeados de un equipo poderoso. Los individuos que logran grandes cosas nunca las logran ellos solos. Ellos fueron los receptores de un don. Se les dio el don de la visibilidad, mientras que quienes sirvieron de manera incansable detrás de ellos aceptaron el camino del anonimato. Por cada nombre que es conocido, hay un número interminable de nombres que se mantienen anónimos, y los desconocidos fueron tan esenciales para el éxito y tan vitales para los logros como aquellos sobre quienes ponemos el manto de la grandeza. La grandeza es un don dado a individuos por aquellos que deciden rodearlos con su propia grandeza. Voy a repetirlo: ninguna gran empresa se ha realizado jamás en solitario.

Sin embargo, esta comprensión no disminuye la grandeza de los individuos a quienes tenemos como inspiración para todos nosotros. El hecho de que la grandeza personal nunca se alcance en solitario, el hecho de que la grandeza personal sea siempre la suma total del trabajo duro y el compromiso profundo de un incontable número de personas, de ninguna manera disminuye la grandiosidad de los logros de un individuo. De hecho, la eleva. Es mucho más fácil hacer algo uno mismo. Requiere mucho más trabajo, demanda mucho de ti mismo, crear un ambiente donde personas talentosas, con destreza e inteligencia trabajen juntas hacia una meta común. En todo caso, esa es la verdadera genialidad que está detrás de toda grandeza, y es más cierto cuando estamos hablando de grandeza sostenida. Lo que he observado a lo largo de los años es que todos nosotros podemos tener momentos de grandeza y destellos de grandeza, pero lo que parece tan inalcanzable es mantener el nivel de compromiso, de resolución y de calidad que logra la grandeza sostenida. Por eso siempre me fascinan quienes no solo logran algo extraordinario una sola vez, sino que lo hacen una vez tras otra.

Una de esas personas extraordinarias que he tenido el privilegio de conocer es Mark Burnett.

NO HAY SOBREVIVIENTES SOLITARIOS

Acababa de terminar de dar una conferencia en un evento cuando alguien se acercó y me dijo que Mark Burnett quería saludarme, y preguntaba si yo tendría tiempo para conocerle. Sinceramente, lo primero que pasó por mi mente fue: *No puede ser* ese *Mark Burnett.* Después de todo, ¿por qué motivo querría *ese* Mark Burnett estar interesado en saludarme a mí? Pero estuve de acuerdo por si acaso era realmente *ese* Mark Burnett. Y para mi sorpresa, me encontraba con uno de los productores más extraordinarios en la historia de la televisión. Mark Burnett es el genio que está detrás de programas como *Sobreviviente, El Aprendiz, La Voz, Negociando con Tiburones,* y *500 Preguntas,* solo por mencionar algunos de sus pioneros y galardonados programas. Si solamente uno de esos programas fuera mérito de él, aún así su vida sería un caso de estudio de éxito extraordinario. Pero lo que la mayoría de nosotros no podríamos hacer una vez, él lo ha hecho tantas veces que ha hecho que parezca fácil.

Está casado con Roma Downey, a quien más se recuerda por su papel angélico en *Tocado por un Ángel*. Juntos lanzaron una serie que marcó un récord en el canal History Channel titulada *La Biblia*. Si sabes algo sobre Mark y Roma, sabes que son una hermosa combinación de inagotable energía y extraordinaria bondad. No debería haber sorprendido a nadie que decidieran tomar el clásico épico *Ben-Hur* y ponerlo de nuevo en la pantalla para que lo experimentara una nueva generación. Nunca he conocido a nadie que viva la frase "Hazlo en grande o vete a casa", del modo en que lo hace Mark Burnett. Él es a la vez incansable y valiente; es dinámico y a la vez rebosa curiosamente un profundo amor por la vida. No puedes estar cerca de Mark y no irte inspirado y esperanzado. Él transmite literalmente valentía a quienes le rodean.

Tuve la oportunidad de preguntar a Mark cómo ha sido capaz de lograr el mayor nivel de éxito en su industria no solo en una ocasión, sino repetidamente. Él nunca mencionó ningún atributo personal particular o talento único que pusiera sobre la mesa. De hecho, nunca se mencionó a sí mismo. Su primera respuesta fue hablar sobre su equipo. Me explicó que ha tenido el mismo equipo a lo largo de los años y que es ese mismo equipo en el que confía en cada gran desafío que emprende.

Para un observador que mire desde fuera, la respuesta parece obvia: todo gira en torno a Mark Burnett. Él es incuestionablemente un genio creativo que es valiente y no se deja desanimar por los desafíos. Yo personalmente sigo pensando que todo eso es cierto, pero lo que podríamos pasar por alto a la luz de la naturaleza extraordinaria de este hombre es que la singular competencia que le ha permitido lograr el éxito como si fuera normativo es que se ha rodeado de un gran equipo.

Es ahí donde la mayoría de nosotros perdemos el barco. Hemos sido desviados a creer que si tenemos en nuestro interior el potencial para la grandeza, eso significa que no necesitamos personas que nos ayuden a lograr esa grandeza. De hecho, nuestro sentimiento de grandeza en realidad podría causar que menospreciemos o disminuyamos el valor de otras personas. Creemos que la vida es una carrera de velocidad o una maratón, pero que en cualquiera de los casos nosotros somos el único corredor que importa. Si la vida es una carrera, se parece mucho más a una carrera de relevos en la cual no ganamos si no tenemos un equipo que nos ayude a cruzar la línea de la meta.

A nivel personal, Mark me dijo en una ocasión algo que no olvidaré nunca. Fue en una de esas tardes en que tuvimos el privilegio de visitarles en su casa y compartir una cena asombrosa. Cuando nos íbamos, Mark y Roma nos acompañaron hasta nuestro auto, y nos ofrecieron desinteresadamente la casa que tenían en la playa si alguna vez necesitábamos hacer una escapada o tener un refugio donde encontrar cierto descanso. Yo les di las gracias educadamente, pero no tenía intención de pedirles eso nunca. Creo que él en cierto modo detectó ese matiz en particular, porque reafirmó la invitación, y entonces mientras nos girábamos para irnos, él me detuvo amablemente y dijo: "Tienes que creer en nuestra amistad".

Es extraño cómo pueden afectarnos las palabras. Desde entonces, he pensado muchas veces en esas palabras de Mark. La afirmación fue mucho más profunda que ninguna otra oferta que él me hizo amablemente. Me hizo preguntarme en qué amistades creía yo y en qué amistades *podía* creer. También me hizo preguntarme: *¿Quiénes son las personas que pueden creer en mi amistad?* Al mirar atrás, entiendo que las amables palabras de Mark hacia mí eran coherentes con su modo de operar en cada área de su vida. Su vida se trata de personas; se trata de amistad. Si hay una sola cosa que todos deberíamos aprender de él, es que si queremos alcanzar nuestro mayor potencial, si queremos vivir una vida en la que nunca nos conformemos, si queremos golpear la última flecha, necesitamos encontrar a nuestra tribu. Necesitas al menos ser capaz de responder a dos preguntas: ¿Quién está contigo? ¿Con quién estás tú?

LOS PRESCINDIBLES

Cuando leemos la Escritura, con mayor frecuencia estamos enfocados en lo que dice sobre Dios. Hemos sido formados para ser muy conscientes de lo que hemos de creer sobre Dios y cómo hemos de relacionarnos con Él. Sin embargo, la Escritura es mucho más que eso: nos da una buena perspectiva del viaje del ser humano. Desde mi punto de vista, si quisiéramos adentrarnos en la Biblia como un estudio de sociología humana, la palabra que surgiría es *tribu*. Todo el viaje de Israel se trata de llegar a ser un pueblo. De hecho, si tomamos en serio la Escritura, no hay viaje hacia Dios que no nos traiga el uno al otro.

Podrías comenzar el viaje en solitario, pero el lugar donde Dios te está llevando es una tierra llamada Juntos. Si alguna vez has sentido que estás viviendo por debajo de tu potencial, o que la grandeza que Dios ha puesto en tu interior aún ha de surgir, entonces te diría que la causa más común de vivir por debajo de nuestra capacidad es que hemos decidido caminar solos, en lugar de caminar juntos. Nunca mantendrás la grandeza o cumplirás el llamado que Dios ha puesto sobre ti si ves a las personas como un obstáculo para tu destino, en lugar de verlas como esenciales para cumplir el propósito de Dios en tu vida.

Es extraño el modo en que priorizamos las cosas que nos importan. Escogemos una carrera o un empleo; escogemos una ciudad o lugar donde vivir. Hacemos muchas cosas que son importantes para nosotros, pero en todas las cosas que consideramos al labrar nuestro futuro, pensamos en las personas que hay en nuestras vidas como mercadería de importancia secundaria, en el mejor de los casos. Aceptaríamos un empleo y renunciaríamos a las personas, en lugar de escoger una tribu y renunciar al empleo. No lo decimos con esas palabras, pero muchos de nosotros hemos recibido mentoría de una cultura que da más importancia al dinero que a las relaciones. Siempre puedes conocer a personas nuevas; siempre puedes hacer amistades nuevas; siempre puedes encontrar una nueva iglesia. En nuestro modo de pensar, esos son aspectos prescindibles y sustituibles de nuestra vida. Cuando se trata de relaciones, muchos de nosotros hemos escogido ser mercenarios.

Lo cierto es que *hay* relaciones que te alejarán de la vida para la cual Dios te creó. *Hay* personas a quienes necesitas apartar de tu vida porque te dirigen hacia la persona que eras antes, en lugar de impulsarte hacia la persona que debes llegar a ser. Sin embargo, eso nunca debe cegarnos a la verdad más profunda. No fuimos creados para vivir la vida en solitario, y si queremos que las personas estén por nosotros, entonces tiene que haber personas por quienes estemos nosotros.

Es interesante que quizá los programas más icónicos que Mark Burnett llevó a las pantallas son *Sobreviviente* y *El Aprendiz*. Esos dos programas tratan sobre formar equipo, sobre aprender a trabajar juntos, sobre que si quieres ganar como individuo, necesitas aprender a ganar como equipo. Tengo que preguntarme si esos programas son sencillamente manifestaciones externas del mundo interior de Mark como líder. Hay un antiguo dicho africano que dice: "Si quieres ir de prisa, ve tú solo. Si quieres llegar lejos, ve junto a otros". Mark ha interiorizado esa verdad.

GoTRIBE

Tengo dos amigos con quienes he viajado durante más de una década que se llaman Chris y Krickit Hodges. Los conocí antes de que se casaran. Los conocí antes de que la fe fuera parte de quienes ellos eran. Conocí a Chris cuando él era ateo y entrenador en el gimnasio 24-Hour Fitness. Mi esposa y yo nos hicimos amigos de ellos mientras ellos vivían juntos. Vimos a Chris pasar de ser un escéptico intelectual a ser un seguidor de Jesús. Vimos a Krickit mientras ella redescubría su fe. Los casamos en el patio trasero de nuestra casa y los seguimos de un gimnasio a otro, tanto por nuestro bienestar físico como por el bienestar espiritual de ellos.

Eventualmente, ellos abrieron su propio gimnasio y le pusieron el nombre GoTRIBE en respuesta al lenguaje que yo utilicé en un libro anterior titulado *The Barbarian Way* (La Manera Bárbara).[1] Uno de los capítulos se titula "La Tribu Bárbara", y se enfoca en el poder de ser un pueblo. Chris y Krickit adoptaron tanto el nombre como la filosofía de vida. Mi esposa comenzó a entrenar con Krickit con la esperanza de ganar una batalla contra el peso que ella sentía que era una lucha que estaba perdiendo. Para Kim, alcanzar la salud física estaba profundamente relacionado con su bienestar espiritual. Mi hermosa esposa fue huérfana desde los ocho años de edad hasta su edad adulta, y a los ocho años la dejaron con hambre y abandonada en un proyecto del gobierno. Es difícil entender las preocupaciones que se asientan profundamente en una niña cuando no está segura de si habrá comida suficiente para comer, y vive con el temor de volver a pasar hambre. Para Kim, ese era un reto que estaba en el núcleo de quien ella era como persona.

Krickit era exactamente la persona que Kim necesitaba. Kim no solo comenzó a perder una gran cantidad de peso, sino que también recuperó su físico natural. Era maravilloso ver elevarse incluso la confianza en sí misma cuando logró éxito con su régimen en GoTRIBE. Yo comencé a entrenar en GoTRIBE solo cuando Kim dijo que ella iba a dejarlo. Se sentía mal por estar utilizando nuestros recursos económicos para tener una entrenadora personal. Yo sentía lo contrario: era la mejor inversión que se me ocurría. Ella valía mucho más que la pequeña cantidad de dinero que le permitía tener el contexto para el éxito en un ámbito de gran desafío para ella. Por lo tanto, antes de darme cuenta, yo era miembro de GoTRIBE.

Al principio no supuso mucho un compromiso con mi propia salud personal como el querer estar allí para alentar a Kim. Después de todo, ella es una de mis personas, y yo tenía que estar a su lado. Cuando pasaron algunas semanas, comencé a notar que mi equipo de trabajo estaba en muy mala forma. Es gracioso cómo comienzas a observar eso cuando estás en mejor forma tú mismo. Por lo tanto, me acerqué a uno de nuestros pastores llamado Joe Smith. Joe estaba dando más charlas y pasando a un papel mucho más visible en Mosaic, y él es también uno de los muchachos con el que yo jugaba a básquet todo el tiempo, y necesitaba que él recuperara su rapidez, así que me ofrecí a patrocinar a Joe en GoTRIBE durante el verano. Él aceptó de buena gana. Y entonces añadí a algunos otros de nuestro equipo, dándoles la oportunidad de incorporarse a GoTRIBE a mi costa. Entonces se nos fue de las manos, y decidimos hacer de eso parte de nuestro programa de salud para cada empleado y familiares en Mosaic.

En menos de un año, veinte personas que habían participado, incluidas quienes estaban en el equipo de trabajo y sus cónyuges que lo aceptaron, habían perdido un total combinado de 177,8 libras (80 kilos), perdiendo el 191 por ciento de grasa corporal, con un promedio de 15 libras (6 kilos) de pérdida de grasa para cada individuo que participó, sin mencionar el total de 268 pulgadas (680 centímetros) globales. Y fueron las mujeres quienes demostraron ser los animales deportistas en nuestra tribu. Algunos de nuestros muchachos necesitaron un poco de vergüenza y empuje para no permitir que sus esposas los dejaran mordiendo el polvo. Sin embargo, cada uno de ellos ha expresado que avanzar juntos hacia la salud ha cambiado sus vidas de manera radical, e incluso ha influido de modo dramático en el sentimiento de camaradería y cercanía de nuestro equipo. Por fuera, todos se ven mejor, pero por debajo de la superficie, este viaje ha hecho que extrañamente estemos más unidos. Ya éramos un grupo bastante cercano, y este compromiso con la salud y el bienestar mutuos nos ha hecho ser más una familia que un equipo de trabajo.

Mencioné el dicho africano al hablar de Mark Burnett porque Chris y Krickit tienen colgado en su pared una variación de ese dicho. Pero después de ver producirse tanta transformación para nuestro equipo y tanto éxito para individuos que en toda su vida solo habían conocido frustración y fracaso cuando se trataba de sus propios desafíos de salud, envié a Chris y Krickit esta cita: "Si quieres ir rápido, ve solo; si quieres ir lejos, ve junto con otros; si quieres ir lejos rápido, ve a GoTRIBE".

Te aseguro que eso es cierto en cada ámbito de la vida. Irás más rápido y más lejos cuando encuentres tu tribu. Cuando encuentras un pueblo comprometido a una misión común, a un propósito común, encuentras a esos individuos que tienen un mismo corazón y una misma mente y llevan el mismo fuego que tú llevas, y cuya pasión arde con tanta fuerza como la tuya. Las personas no te atrasan; las personas *incorrectas* te atrasan. Cuando escoges a las personas adecuadas, cuando encuentras a tu tribu, tu vida comienza a arreglarse de una manera en que nunca podría hacerlo cuando caminas solo.

MÁS CERCANO QUE UN HERMANO

Si no tenemos cuidado, pasaremos toda nuestra vida intentando encontrarnos a nosotros mismos, y nunca entenderemos que nunca llegamos a ser nosotros mismos hasta que encontramos a nuestra tribu. Quizá nadie haya popularizado la idea de encontrar a "tu persona" más de lo que lo ha hecho Shonda Rhimes mediante sus personajes en *Anatomía de Grey*. Todos deseamos a esa persona que llegue a nosotros, esa persona que sabemos que siempre está a nuestro lado, esa persona a la que apoyamos siempre.

Me resulta fascinante que el concepto que popularizó *Anatomía de Grey* realmente está profundamente expresado en el antiguo libro de Reyes. David y Jonatán tenían el tipo de relación que con frecuencia se traduce solamente a la cultura contemporánea. Jonatán era el hijo del rey Saúl. En cualquier otro escenario, se habría entendido que Jonatán era el heredero legítimo de la corona. Era su primogenitura y su linaje, y sin embargo David fue a quien Dios escogió para ser rey. No era algo que David buscó ni tampoco algo que él pidió. Él fue sacado del anonimato y elegido por Dios para sustituir a Saúl y convertirse en el rey de Israel. Esto debería haber convertido a David y Jonatán en los mayores enemigos. Es el material con el cual se crean generaciones de conflicto.

En un giro extraño e inesperado de los acontecimientos, David acude a Jonatán y le dice que el rey Saúl quiere hacerle daño y que, de hecho, tiene intención de poner fin a la vida de David.[2] Jonatán asegura a David que no es posible que eso sea cierto, pero que si es cierto, él utilizará su relación con su padre para confirmar esa información y proteger a David. La naturaleza extraordinaria de esta relación no puede exagerarse: un hombre que valoraba su amistad más que su propio éxito. Para Jonatán, la pregunta de quién debería ser rey nunca está en cuestión. Para él está claro que David es a quien Dios ha escogido. Es necesaria una increíble fortaleza de carácter para estar dispuesto a renunciar a algo que debería haber sido tuyo y reconocer que hay otra persona más adecuada para la tarea. La lealtad de Jonatán a David es inequívoca. *"Dime qué quieres que haga, y lo haré"*, le dice.[3] Jonatán estaba declarando a David: *Estoy contigo.*

Mucho tiempo antes de que David fuera rey, él había encontrado a su persona: el que era más cercano que un hermano. Jonatán estaba comprometido con la grandeza de David incluso a costa de su propia fama y futuro. Pero el compromiso no era solo por una parte. Esta lealtad se producía en ambos sentidos. Más adelante se nos dice que *"por ese cariño que le tenía, le pidió a David confirmar el pacto bajo juramento"*.[4] Aunque David era uno de muchos hermanos, fue Jonatán quien llegó a ser más cercano que un hermano.

Durante los días y meses siguientes, se unió a David una legión de los más grandes soldados que caminaban por la tierra en aquellos tiempos.[5] Desde Sama, que se mantuvo en el campo sembrado de lentejas y peleó contra los filisteos; Eleazar, quién peleó en batalla hasta que la espada se le quedó pegada a la mano; Joseb Basébet, que levantó su lanza contra ochocientos hombres en una batalla y los derrotó a todos. Había tres guerreros sin nombre que oyeron que David deseaba beber agua de un pozo que estaba cerca de Belén, y sin que se lo pidieran, cruzaron las líneas enemigas para refrescar la sed de su líder. Y desde luego está Benaías, quien cuando estaba nevando, se metió en una cisterna y mató un león. Había líderes de cientos y líderes de miles. Había un círculo íntimo de treinta hombres que eran los guerreros de más confianza de David. Y se nos dice que estaban los tres: los tres que se mantuvieron a su lado y quisieron a David más que a sus propias vidas, y a quienes David confiaba su propia vida.

La historia de Israel está envuelta en el reinado que David estableció, pero nunca ha existido un reino que David estableciera él solo. Lo que recordamos es un joven pastorcillo llamado David que se enfrentó cara a cara contra Goliat con una honda y una piedra, y mató al guerrero gigantesco. Recordamos a David como el matador de gigantes y entonces atribuimos mal todos sus éxitos y todas sus conquistas solamente a él. David mató al gigante y se ganó la confianza de quienes se acobardaban ante la ominosa figura, pero el futuro al que Dios le estaba llamando no podría haberse cumplido si él hubiera ido en solitario a cada batalla. Para cumplir su destino, él tenía que encontrar a su banda de hermanos.

TU FUTURO ESTÁ EN LAS PERSONAS

En un contexto totalmente distinto, encontramos el mismo principio en las vidas de tres viudas que se encontraron solas en el mundo después de que la hambruna y la mala fortuna hubieran arrebatado las vidas de todas las personas a quienes amaban y quienes las amaban a ellas. Se nos dice que en los tiempos en que gobernaban los jueces, hubo una hambruna tan severa que dejó a estas tres mujeres (Noemí, Orfa y Rut) sin padres, sin esposos, y sin hijos. Noemí indicó a sus dos nueras que regresaran a su propio pueblo y comenzaran una vida nueva para ellas allí. Ella no veía ningún futuro ni esperanza para sí misma, y sintió que la mejor esperanza para la única familia que le quedaba era que ellas regresaran a las familias que habían dejado. No tenía mala voluntad contra ellas, pero que se quedaran con ella en ese momento sería irrazonable. En medio de esos momentos, todas comenzaron a llorar y se lamentaron en voz alta por su tristeza.

Poco se sabe sobre el futuro de Orfa. Se despidió de Noemí con un beso y se fue para encontrar a su tribu, quien ella creía con bastante razón que sería su única esperanza para su futuro. Al regresar a ellos, no hizo nada equivocado.

Rut tomó una decisión diferente. Rut era moabita. Tenía un pueblo al que podía regresar y buscar ayuda allí, pero se negó a dejar a Noemí. Entendió que había algo más poderoso que la sangre, una conexión más importante que la del origen de una persona. Ella pronunció estas palabras que serán repetidas durante el resto de la historia humana: *"Porque iré adonde tú vayas, y viviré donde tú vivas. Tu pueblo será mi pueblo, y tu Dios será mi Dios".*[6]

Desde aquí está escrito el libro de Rut. Debido a esta decisión, la historia de Rut demanda ser contada. Orfa escogió un futuro que podría encontrar en el pueblo que antes fue de ella. Rut hizo su futuro de un grupo nuevo de personas. Ella no tenía promesa de un futuro y una esperanza. Si algo, esperaba que ella y Noemí murieran juntas. Para Rut era sencillo: *"Moriré donde tú mueras, y allí seré sepultada. ¡Que me castigue el Señor con toda severidad si me separa de ti algo que no sea la muerte!".*[7]

La historia de Rut se desarrolla como una novela romántica. Ella trabaja como sirvienta en el campo, y el dueño de ese campo, cuyo nombre es Booz, la ve y es atraído hacia su belleza. Pero cuando se entera de que hay más en ella de lo que se ve a simple vista y se enamora de ella, recuerda que hay otro hombre que ocupa una posición de responsabilidad hacia la casa de Noemí, y que es la obligación y el derecho de ese hombre reclamar a Rut como esposa. Booz astutamente lo convence de que no querrá la carga de tener que ocuparse de Rut durante el resto de su vida, y así el otro hombre cede su posición a Booz. De este modo, Booz reclama el papel de lo que se conoce como el guardián redentor, y Rut se convierte en la esposa de uno de los hombres más prominentes y ricos entre su pueblo.

Booz, se nos dice entonces, fue el padre de Obed, y Obed fue el padre de Isaí, e Isaí fue el padre de David. Desde luego, David llegaría a ser rey, y de su linaje llegaría el Mesías. Y por lo tanto esta mujer, Rut, que escoge a su tribu y decide que el futuro de ellos será también su futuro, se convierte en una de las cuatro mujeres mencionadas en la genealogía de Jesús de Nazaret.

Muchas veces, cuando pensamos en la voluntad de Dios o intentamos frenéticamente discernir lo que Dios quiere que hagamos con nuestra vida, evaluamos las oportunidades y nunca consideramos las relaciones. ¿Quién es el pueblo al que has vinculado tu vida? ¿Quiénes son las personas en tu vida a las que has declarado: "Estoy contigo"? El futuro que Dios quiere para ti nunca llegará a expensas de las personas que Él trae a tu vida. Eso no significa que no pierdas personas a lo largo del camino. No significa que no habrá personas que tendrás que dejar atrás. Significa que no vives para ti mismo y solamente para ti.

En cualquier cosa que hagas, necesitas encontrar a tu tribu. Si eres una cebra, encuentra a las cebras y corre con ellas. Si eres una gacela, entonces encuentra a la manada que corre a tu ritmo. Si eres un león, encuentra a tu manada. Encontrar a tu tribu no se trata de ser del mismo color, de la misma etnia o de la misma historia; se trata de ser de un corazón y un pensamiento. Por lo tanto, en cualquier cosa que hagas, cualquier cosa que requiera, donde tengas que ir, lo que necesites hacer, encuentra a tu tribu y comiencen a caminar juntos. Tu mejor futuro te está esperando en tus relaciones más profundas.

ROMEO Y JULIETA

Brian Larrabee es una de esas personas que nunca olvidas cuando la has conocido: seis pies cinco pulgadas (1,95 metros), una gran personalidad, con un deseo apasionado de hacer del mundo un lugar mejor. Él es fundador de Good City Mentors (Buenos Mentores de la Ciudad), y todo el tiempo que lo he conocido ha estado invirtiendo su vida en varones jóvenes que carecían de la oportunidad de tener fuertes figuras masculinas en sus vidas. En el 2015 fue reclutado para servir en un equipo que iba a Shanghai (China). Este equipo estaba dirigido por David Arcos, que ha sido el pastor de artes creativas en Mosaic durante los últimos veinte años. Existe un fenómeno inusual en China, donde los hijos de personas de negocios chinas y con educación formal, al sentirse aplastados bajo el peso de las expectativas, han sido parte de una escalada de depresión y suicidios. Nuestro equipo en Los Ángeles estaba reuniendo a un grupo de artistas creativos que irían e invertirían en esos jóvenes estudiantes, para inspirar su imaginación creativa y también para infundir esperanza a sus vidas.

Brian se incorporó temprano al equipo de David, pero tal como la vida se desarrolló, sus obligaciones en Los Ángeles comenzaron a presionarle, y le preguntó a David si podía retirar su compromiso. Su organización sin fines de lucro acababa de asegurarse patrocinio, y ya no tenía sentido para él viajar al otro lado del mundo para hacer bien cuando podía hacer bien en su país. David no se inclinó a dejar ir a Brian con facilidad. Le dijo que había hecho un compromiso y que debía mantenerlo, que tenía como patrón retirarse de las cosas, y que si cumplía con ese compromiso, haría que sus donantes confiaran aún más en él. David llegó a decirle a Brian que sentía la certeza de que si él cumplía con ese compromiso, Dios le bendeciría de maneras que él nunca podría imaginar.

Yo siento fuertemente que un elemento importante en la angustia de Brian era que una relación personal que tenía en su vida llegó a su fin. La persona que a él le importaba tanto acababa de poner fin a su relación, y todos sabemos que el sufrimiento puede dejarnos debilitados. Una de las cosas más difíciles de las que intentamos convencer a las personas es que cuando has perdido a una persona, debes encontrar a tu tribu. Brian tomó la decisión de cumplir su compromiso e ir a China, pero incluso más que eso, tomó la decisión de confiarle a Dios su futuro.

También en ese equipo estaba una de las bailarinas principales de América. Allyssa Bross es el rostro del Ballet de Los Ángeles. Su currículum va desde *El Lago de los Cisnes*, *Romeo y Julieta*, hasta *El Cascanueces*. Allyssa tenía dieciséis años cuando la aceptaron en la Escuela Americana de Ballet, y tras solo dos años, firmó un contrato con el Ballet de Los Ángeles. En su primer año en LA y antes de cumplir los veintiún años, fue ascendida a la primera bailarina de la compañía. Ella había sido parte de Mosaic durante casi dos años, y había oído sobre la oportunidad de ir a servir en Shanghai. Su participación se produjo de una forma inusual.

Mientras estaban sentados a la mesa con Allyssa en un evento para recaudar fondos para la compañía de ballet, algunos donantes oyeron sobre su deseo de ir a China, y fueron tan conmovidos por su historia que ellos, como mesa completa, patrocinaron todo su viaje. Eso creó una gran preocupación para la compañía de ballet, pues los donantes habían sido llevados hasta allí para apoyar al Ballet de Los Ángeles, no a Allyssa. Pero rápidamente entendieron que esto de ningún modo era una competencia con sus ambiciones. Allyssa estaba totalmente comprometida con el ballet, y también con ir a servir a China.

Es una historia un poco disparatada que dos personas que asisten a la misma iglesia y viven en la misma ciudad tuvieran que estar en un equipo que va a Shanghai (China), para conocerse por primera vez. Sin embargo, fue mientras estaban en Shanghai sin pensar en sí mismos, sino entregándose por completo a servir a otros, cuando ambos se encontraron. Ni Brian ni Allyssa podrían haber supuesto jamás que decidir ser parte de esa tribu, decidir unirse a esa misión en particular, daría como resultado encontrar a la persona perfecta con quien casarse.

Muchas personas buscan desesperadamente a su persona, cuando lo que tienen que hacer es buscar a su tribu. Es hermoso observar cuando dos personas ni siquiera saben que se están buscando el uno al otro, pero se encuentran cuando están siguiendo su propósito y se han comprometido con un pueblo. Rut nunca podría haber visto que Booz estaba esperando al otro lado de Noemí. David nunca pudo haber pronosticado que sería Jonatán quien se interpondría entre él y el rey Saúl.

Hace años, cuando pasé una gran cantidad de mi tiempo intentando entender patrones de éxito en los negocios, comencé a descubrir que a menudo, la idea inicial de los empresarios no es su mejor idea, pero lo que sucede en ese primer esfuerzo es que encuentran a las mejores personas. Encuentran a las personas que están con ellos si la idea da resultados o no. Encuentran a las personas que están con ellos en medio del éxito y en medio del fracaso.

Tus ideas cambiarán, tus desafíos cambiarán, el mundo cambiará, pero cuando sabes quién está contigo y sabes con quién estás tú, puedes enfrentar cualquier cosa que llegue.

LO MEJOR DE LO MEJOR

Cualquiera que me conozca sabe que me encanta el básquet. El año pasado agarré a mi hijo Aaron y a un amigo, y los llevé al primer partido de las finales de la NBA entre los Warriors y los Cavaliers. Fue electrizante estar en el Oracle Arena viendo a dos de los mejores jugadores del mundo competir el uno contra el otro. No sabíamos quién ganaría, pero si había una cosa que todos pensábamos que era segura era que o Steph Curry o LeBron James serían el MVP (Jugador Más Valioso). Ambos equipos tenían grandes jugadores, pero ellos eran el elenco sustentador. Al final, se reduciría a las estrellas. Sería LeBron o Steph, y la serie no solo decidiría un campeón, sino que también respondería la pregunta una vez por todas de quién era el mejor jugador del mundo.

Seis partidos después, los Warriors derrotaron a los Cavs por cuatro partidos a dos, y el MVP 2015 fue, claro está, Andre Iguodala. No te sientas mal si no reconoces ese nombre. Ni siquiera estoy seguro de que las personas que siguen el básquet reconocerían el nombre. Andre Iguodala ni siquiera jugó al principio en el 2015. El entrenador Steven Kerr le pidió que saliera del banquillo y jugara el papel del sexto hombre. Todo equipo tiene cinco jugadores designados para comenzar, y todo equipo trabaja para construir un banquillo fuerte que pueda entrar cuando los que inician necesitan salir de la cancha. Pero quizá el jugador más importante en el equipo, el que puede empujar al equipo hasta el estatus de grandeza, es lo que se conoce como el sexto hombre. Es el jugador singular que podría jugar de inicio en cualquier lugar, pero decide salir del banquillo para hacer más fuerte al equipo. No sería quedarse corto decir que Iguodala no estuvo contento con la oportunidad. Él afirmó en tono de broma que si iba a salir del banquillo, mejor que valiera la pena en términos de resultados. Tal como sucedieron las cosas, le confiaron a Andre Iguodala la tarea casi imposible de cubrir a LeBron James. Y aunque habría sido enumerado como el sexto jugador más importante en la alineación de los Warriors, al final fue premiado como el jugador más valioso de las finales de la NBA.

Si todos fuéramos perfectamente sinceros, cuando soñamos sobre nuestras vidas pensamos en nosotros mismos con la esperanza de algún día ser como LeBron James o como Steph Curry, o como alguien comparable a ellos en otro ámbito de la vida. Raras veces nos imaginamos como el tipo que está sentado en el banquillo cuando comienza el partido, o la persona que de alguna forma pierde su empleo contra alguien a quien consideraría un jugador menor. La tragedia en la vida es que demasiados de nosotros preferimos ser la estrella en un equipo perdedor que el jugador complementario en el equipo que gana el campeonato. Pero quienes han seguido los deportes a lo largo de décadas han visto un patrón peculiar cuando se trata de grandes deportistas. Juegan en un gran equipo; aumentan su valor personal; deciden irse de ese equipo a cambio de un equipo menor que les pagará más; entonces nunca vuelven a alcanzar el nivel de éxito que conocieron en el pasado. Los grandes equipos hacen buenos a jugadores promedio y grandes a los buenos jugadores.

Cuando te rodeas de grandes personas, eso eleva quién eres tú. Si quieres un gran carácter, rodéate de personas de gran carácter. Si quieres correr grandes riesgos, rodéate de una tribu de personas que corren riesgos. Si quieres vivir una vida de aventura, entonces escoge una tribu que haga de la vida una aventura. Llegarás a ser como aquellos con quienes caminas. Así que imagina las implicaciones si decides caminar con Jesús. Cuando Él te llama, nunca te llama solamente a ser tú mismo; Él siempre te llama a un pueblo. Él siempre nos llama los unos a los otros.

Por lo tanto, permanecen la preguntas: ¿Con quién estás? ¿A quién te has entregado? ¿Con quién estás dispuesto a estar hombro con hombro, en las buenas o en las malas, y quién está contigo? ¿En quién puedes confiar? ¿Quién te guarda las espaldas? ¿Quién te levantará cuando caigas?

En Eclesiastés, Salomón nos recuerda cuán importante es nunca caminar solos:

> *Más valen dos que uno,*
> *porque obtienen más fruto de su esfuerzo.*
> *Si caen, el uno levanta al otro.*
> *¡Ay del que cae*
> *y no tiene quien lo levante!*
> *Si dos se acuestan juntos,*
> *entrarán en calor;*
> *uno solo ¿cómo va a calentarse?*
> *Uno solo puede ser vencido,*
> *pero dos pueden resistir.*
> *¡La cuerda de tres hilos*
> *no se rompe fácilmente!*[8]

Cuando mi familia y yo íbamos viajando en Sudáfrica, tuvimos la oportunidad de ir a un safari. Así que nos adentramos en el Serengueti y tuvimos juntos esa experiencia extraordinaria. Pasamos la noche en medio de la jungla, y se supone que teníamos que esperar hasta la mañana para salir a explorar a ver si podíamos encontrar algunos de los animales salvajes: cualquiera de los grandes cinco. Pero la mayoría de nosotros estábamos demasiado impacientes para esperar hasta la mañana. Uno de nuestros guías nos agarró, o nosotros lo agarramos a él, y salimos en un Jeep abierto. Saltamos dentro cinco de nosotros para ir a explorar en mitad de la noche.

Así que el guía, mi esposa y yo, y nuestro hijo y nuestra hija fuimos a explorar la naturaleza salvaje de África. Realmente no sabíamos si encontraríamos algo, pero mientras íbamos conduciendo en la oscuridad de la noche, nos dimos cuenta de que estábamos rodeados repentinamente por una manada de leones, cuatro o cinco de esos animales gigantescos que iban caminando a poca distancia de nuestro vehículo, tan cerca que podríamos tocarlos. Fue una de las experiencias más extraordinarias y hermosas que he tenido jamás en mi vida. Una cosa es ver un león en un entorno poco natural en el zoológico, pero otra muy distinta es ver esa hermosa criatura en todo su poder y su gloria en la jungla.

En ese momento, pensé en el hecho de que no teníamos ninguna puerta en el vehículo, no teníamos techo, y estábamos claramente al descubierto. Si aquellos leones tenían hambre, podrían habernos atacado fácilmente, y nuestro recorrido habría terminado. Nuestro guía nos indicó, con voz muy, muy bajita, que no hiciéramos ningún movimiento repentino, que no levantáramos la voz, y que no saliéramos del vehículo. Dijo: "Si salen del vehículo, lo más probable es que les ataquen los leones. La clave es permanecer juntos y quedarnos juntos dentro de este Jeep. Porque cuando los leones nos miren, nos verán como una sola criatura y no como cinco seres humanos desprotegidos". Cuando permanecimos juntos, cuando viajamos juntos, teníamos una fortaleza y una temeridad en las mentes de los leones que no hubiéramos tenido si hubiéramos estado por separado.

Este principio fue cierto en las junglas de África, y es cierto en las junglas de Los Ángeles. De hecho, es un principio que será cierto para todos nosotros en cualquier momento de nuestras vidas: somos más poderosos cuando caminamos juntos, y somos más vulnerables cuando caminamos solos.

Es esencial, por encima de todo lo demás que persigas en la vida, a pesar de cualquier otra cosa que puedas desear o anhelar, ya sea éxito, riqueza, poder o celebridad, asegurarte de que nada en tu vida tiene un valor mayor que encontrar a tu tribu. Necesitas encontrar a tu tribu, porque mientras camines solo, nunca conocerás tu fuerza. Tu mayor fuerza no es cuando puedes demostrar que no necesitas a nadie; tu mayor fuerza es cuando ya no tienes que demostrar que puedes hacerlo tú solo. Hay fuerza en los números. Hay una fuerza que llega cuando caminas junto a aquellos que son del mismo corazón y del mismo pensamiento que tú.

Para vivir la vida para la cual Dios te creó, para asegurar que todo dentro de ti sea desatado para el bien de la humanidad, incluso si tu deseo supremo es encontrarte a ti mismo, necesitas encontrar a tu tribu.

9

Conoce Lo Que Quieres

Me pregunto dónde comenzó la tradición de preguntar a los niños qué quieren ser cuando crezcan. Después de todo, es una idea extraña que un niño de ocho años tenga cualquier idea realista de lo que él o ella quiere hacer en la vida. Quizá intentamos preguntarles antes de que cumplan los dieciocho, cuando sabemos que no tendrán ni idea. Pero dondequiera que comenzara la tradición, dice más sobre nosotros que lo preguntamos, que cualquier cosa que dice sobre el niño. Me imagino que es más para la diversión propia, pues los niños dirán las cosas más chistosas. No creo que realmente esperemos que ellos sepan lo que quieren hacer más adelante en la vida.

¿No sería estupendo si todos desde nuestros primeros años en la vida tuviéramos una claridad absoluta sobre la dirección de nuestras vidas? La mayoría de nosotros lo entendimos mal cuando teníamos ocho años, lo entendimos mal cuando teníamos dieciocho, estamos bastante seguros de que lo entendimos mal a los veintiocho, y a los treinta y ocho comenzamos a sentir un abrumador sentimiento de desesperación de que la vida que tenemos no es la que queríamos. Por lo general no es que hayamos cambiado de opinión sobre lo que queríamos; es que no sabíamos lo que queríamos. Demasiados de nosotros terminamos con la sensación de que nuestra vida sucedió, en lugar de que nuestra vida fuera lo que nosotros decidimos que sucediera.

Están esos raros individuos que son tan talentosos desde temprana edad que su talento demanda sus vidas. No sé si Mozart tuvo elección sobre lo que haría en la vida, o Monet. Tiger Woods estaba moviendo un palo de golf a los cuatro años de edad. Estaba claro que Michael Jordan no había nacido para el béisbol. Cuando tienes diez años y eres Bobby Fischer, jugarás al ajedrez. Sabes lo que quieres porque eso te quiso a ti.

Pero el resto de nosotros que no estamos cargados por un talento tan extraordinario que demanda nuestras vidas, a menudo nos quedamos como si estuviéramos caminando en medio de la niebla. Todos los que nos rodean tendrán idea de lo que deberíamos hacer: *persigue tus sueños, sigue tus pasiones, desarrolla tus habilidades*. Pero al final, esas ideas se tratan más sobre los recursos que aplicamos a nuestra vida, y menos sobre la vida a la que queremos entregarnos.

Siempre me sorprende cuando conozco a alguien que conoce exactamente lo que quiere. Eso le da a la persona un fuerte sentido de claridad y convicción. También he viajado con personas que estaban seguras de saber lo que querían, y nunca se produjo en sus vidas. Esos son los momentos en que las personas se sienten muy desorientadas e inseguras, no solo sobre su futuro, sino también sobre sí mismos.

Yo encajo en la categoría de quienes no tenían idea de lo que iban a hacer cuando crecieran. Incluso en las cosas pequeñas, carecía de la certeza necesaria para tener éxito. Me crié amando el básquet, pero jugué al fútbol americano y corrí carreras en pista. A mi padrastro le encantaba el fútbol americano, y la pista era su complemento cuando terminaba la temporada. No era que a mí no me gustara el fútbol; es solo que la mayoría de personas nacidas en Latinoamérica no tienen una constitución física adecuada para el fútbol americano. Habría sido más sabio para mí seguir los pasos del jugador de fútbol Lionel Messi o de la estrella del básquet Chris Paul, que intentar ser como los grandes del fútbol americano Lawrence Taylor y Curtis Martin.

Cuando nos mudamos de Miami a Carolina del Norte, mi hermano y yo fuimos los nuevos reclutados para el equipo de fútbol americano en la secundaria. El entrenador preguntó a Alex en qué posición jugaba, y él dijo: "Quarterback". Cuando el entrenador me preguntó a mí, yo no tenía idea de cómo responder. Mi mejor posición habría sido la de quarterback, pero mi hermano ya era un estupendo quarterback, y yo no era su igual, así que pensé que mi respuesta sería más amplia. Cuando el entrenador me preguntó: "¿En qué posición juegas?", yo dije: "Juego al fútbol". A él le encantó mi respuesta. Yo aborrecí el resultado. Lo cierto es que yo no tenía ni idea de cuál era mi posición en un equipo de fútbol americano, y tampoco tenía ni idea de cuál era mi posición en la vida.

Lo que aprendí de veinte años de indecisión es que te definirás a ti mismo o serás definido por otros. Tú escogerás tu vida o vivirás una vida que nunca tuvo intención de ser tuya. Cómo terminas es profundamente influenciado por cómo comienzas. Nunca comienzas el viaje de crear la vida que quieres, hasta que sabes lo que quieres. Solamente cuando sabes lo que quieres es cuando puedes decir no a todo lo que te quiere a ti. Lo he visto suceder una y otra vez. Nunca conseguirás lo que quieres hasta que sepas lo que quieres.

CUANDO SEA MAYOR, YO QUIERO...

Conocí a Jimmy y Sis Blanchard en una conferencia de liderazgo en Florida donde yo era uno de los oradores. Ya retirado entonces, Jimmy había trabajado anteriormente como presidente y director general de Synovus, una empresa multimillonaria de servicios financieros con base en Columbus (Georgia). Él cree que uno de los mayores regalos que puede ofrecer a su país es una inversión en liderazgo, y por eso es orador en eventos con algunos de los más afamados oradores y dirige el Foro de Liderazgo Jim Blanchard.[1] Sin embargo, es uno de los hombres más humildes y modestos que conocerás jamás. Cuando te sientas con Jimmy, no sabrías cuánto ha logrado, pero no serías capaz de pasar por alto su profundo afecto por su esposa y su familia.

Nunca olvidaré la historia que me dio la mayor perspectiva sobre el hombre que ha llegado a ser, y el viaje que tuvo que recorrer para llegar hasta allí. Con demasiada frecuencia suponemos que todas las personas exitosas comenzaron con un sentido de claridad y certeza, pero Jimmy nos recuerda que saber lo que queremos llega a menudo en una crisis de incertidumbre. Debido a que él no sabía lo que quería, casi perdió la vida que Dios quería para él. Este es un relato de advertencia que afortunadamente se convirtió en una gran historia de amor. Y si sientes que es demasiado tarde para poder reclamar tu vida, aquí está un recordatorio de que nunca es demasiado tarde, o al menos mejor tarde que nunca. Se trata de cómo consiguió que Sis se casara con él.

Me gustaría que esta fuera una historia de amor a primera vista, pero no lo es. Incluso estaría dispuesto a aceptar una historia sobre un hombre que persiguió apasionadamente a la mujer de sus sueños hasta que ella finalmente cedió, pero no lo es. La razón por la que esta historia tiene tanto poder es que es a la vez una historia real, y una metáfora sobre cuán fácil es pasar por alto y perdernos lo que está delante de nuestra vista. Muchas veces, queremos desesperadamente que Dios nos dé lo que queremos, y nos sentimos frustrados porque parece que Él no interviene. Sin embargo, la realidad es que con demasiada frecuencia Dios pone delante de nosotros lo que nuestros corazones han anhelado, pero no tenemos ojos para verlo. En el más trágico de los casos, esperamos demasiado, cometemos demasiados errores, abandonamos la búsqueda, concluimos tristemente que hemos perdido nuestros momentos. Independientemente de cuánto tiempo nos tome conocer qué es lo que queremos con todo nuestro corazón, en el momento en que lo conozcamos tenemos que ir tras ello.

Todo comenzó en el otoño de 1961, cuando Sis era estudiante de segundo año en la Universidad de Georgia. Fue invitada a un almuerzo y le pidieron que fuera acompañada. Una amiga le consiguió una cita con un estudiante llamado Jimmy Blanchard. Como dije, no fue amor a primera vista. Aún así, se llevaron bien, y a la semana siguiente Jimmy llamó a Sis y le pidió que fuera al partido de fútbol entre Georgia y Florida. Fueron juntos hasta allí en auto, y lo pasaron muy bien. Comenzaron a salir juntos, y Sis esperaba que todo eso condujera a algo más.

Entonces, una noche en mayo de 1962, Jimmy pidió una cita a Sis y la llevó hasta un estacionamiento y apagó el motor del auto. Se giró hacia ella y dijo: "Creo que nuestra relación ha llegado a un punto en el que tenemos que ponernos más serios o dejar de salir". Sis estaba a punto de decir "Vayamos más en serio" cuando él dijo: "Creo que deberíamos dejar de salir". Y aquel fue el final de la relación... de momento.

Apenas se vieron el uno al otro durante los dos años siguientes. Jimmy se fue a la facultad de Derecho, y Sis se graduó de la universidad y se mudó de nuevo a su casa. Supuso que Jimmy la había olvidado, y aunque él había esperado olvidarla, recuerdos de Sis no dejaban de llegar a su mente.

Entonces, una noche en el verano de 1964, Jimmy llamó a Sis de repente, y le preguntó si podían cenar juntos. Ella aceptó enseguida, y esperaba que eso hiciera renacer una relación que no se había desarrollado como ella esperaba. Pero después de esa noche, él no estaba más seguro sobre la relación de lo que había estado antes, así que no volvió a llamarla otra vez.

En el otoño de 1964 Sis se había mudado. Conoció a un joven maravilloso al que llamaremos Sam. Unos meses después, estaban comprometidos para casarse. Jimmy era algo del pasado, un recuerdo de algo que aparentemente nunca tuvo que ser.

Jimmy, mientras tanto, iba a graduarse en Derecho la primavera siguiente, y en junio se incorporaría al ejército para cumplir allí dos años. Fue un sábado, jugando al golf con su papá, cuando Jimmy confesó que había esperado que Sis y él hubieran solucionado las cosas. Su papá le preguntó si ella conocía los sentimientos que él tenía, y Jimmy dijo que no. Entonces su papá le dio un sabio consejo: "No creo que yo dejaría que se pusiera el sol sin hablar con ella por teléfono".

Y Jimmy hizo precisamente eso. Llamó a Sis, y su madre contestó el teléfono. Él preguntó si ella sabía si Sis tenía planes para el siguiente domingo en la noche, y la madre de Sis respondió: "Oh, Jimmy, ¡no te has enterado! Sis está comprometida".

Jimmy se quedó asombrado, pero no frustrado. La noche siguiente llamó a Sis y le preguntó si podía verla. Suponiendo que él se lo decía como un viejo amigo, ella estuvo de acuerdo. (Creo que es interesante notar que ella nunca se lo mencionó a Sam).

Cuando Jimmy llegó, Sis enseguida le enseñó su anillo de compromiso. Entonces, a petición de Jimmy, fueron a su auto para hablar. En cuanto cerraron las puertas del auto, Jimmy se giró hacia ella y dijo: "No vine aquí para felicitarte, sino para convencerte de que rompas tu compromiso porque quiero que te cases conmigo y seas la madre de mis hijos". Sis se quedó asombrada por esas palabras. Hablaron hasta las dos de la mañana. Su conversación finalmente se vio interrumpida cuando su padre se acercó y preguntó qué estaba sucediendo. Jimmy respondió que solo estaban hablando, y él se fue rápidamente.

Tras aquella noche, Jimmy no volvió a llamar a Sis. Ella decidió no romper su compromiso, y casarse con Sam y dejar atrás a Jimmy. De modo que siguió adelante con su vida, tuvo sus fiestas pre-nupciales, escogió su vajilla, y se preparó para una vida con Sam.

Jimmy, mientras tanto, partió para Fort Benjamin Harrison en Indianápolis para estudiar en la facultad de finanzas, y comenzó un compromiso militar de dos años. Desde allí escribió una carta a Sis, diciendo que entendía que ese era el día en que sucedería todo y que le deseaba felicidad y todo lo mejor. Esta última carta no era propia de Jimmy. Sis no le había visto nunca retirarse o rendirse. Ella siempre se sintió atraída a su valentía. Quizá Jimmy se retiraba solo por respeto hacia Sis y Sam.

Ahora, el futuro de ambos estaba en manos de Sis. A medida que se acercaba el día de su boda, ella estaba innegablemente infeliz. Sabía que aunque amaba a Sam, no estaba enamorada de él. Y aunque no tenía ninguna promesa de que Jimmy regresaría alguna vez, sabía que no podía casarse con Sam si no podía entregarle todo su corazón. Cuando se lo dijo a sus padres, ellos quedaron muy aliviados, haciendo saber a Sis que ellos nunca habían sentido que estuvieran hechos el uno para el otro.

Como toda gran historia de amor encuentra su camino hacia una reunión inesperada, ese momento en que dos personas que se han alejado el uno del otro descubren que el universo de algún modo los ha unido de nuevo, Sis recibió inesperadamente una llamada telefónica de Jimmy invitándola a ir con él a la boda de unos amigos mutuos. Sugirió que después de la boda ella fuera con él y con sus padres a la playa en Alligator Point para la celebración del Cuatro de Julio. Sis aceptó de buena gana.

Tras la boda, cuando estaban caminando por la playa, Jimmy supo que no podía esperar más, y expresó a Sis que aún quería casarse con ella. Sis había asegurado a su padre que aunque iba a pasar unos días con Jimmy, no sería impulsiva de ninguna manera. Sin embargo, cuando Jimmy le preguntó si quería casarse con él, ella aceptó sin vacilación. ¡Y eso que no iba a ser impulsiva!

El día 18 de diciembre de 1965, Jimmy y Sis se casaron. Fue una boda pequeña en comparación con la otra que había sido cancelada anteriormente ese mismo año, pero lo que les faltó de la grandeza de una boda lo ganaron en saber que los dos se estaban casando con el amor de su vida.

Te cuento esta historia por una razón específica. Aunque tomó bastante tiempo, hubo un cambio claro en el enfoque de Jimmy hacia la vida, y lo vemos en su cambio de idea hacia Sis. Él podría haber perdido a su único amor verdadero al no saber lo que quería. La indecisión no es una decisión.

Con frecuencia nos preguntamos qué es lo que separa a quienes logran grandes cosas, de aquellos que solamente desean hacer algo significativo con sus vidas. Lo que he visto en Jimmy trasciende cada área de su vida. Ha dado forma a su vida de fe, ha dado forma a su éxito en los negocios, y cuando hemos recorrido su romance hemos visto que definitivamente dio forma a su matrimonio. Jimmy rehusó permitir que las circunstancias o incluso la corrección evitaran que obtuviera lo que quería. Sis era el amor de su vida, y no se habría conformado con ninguna otra persona.

Para vivir una vida en la cual golpeas tu última flecha, en la cual nunca te conformas con menos, tienes que saber lo que quieres. Y cuando sabes lo que quieres, debes reunir la valentía y la fe para perseguirlo con todas tus fuerzas. Habría sido muy fácil para Jimmy renunciar a ganarse el corazón de Sis porque estaba comprometida con otro hombre. Y créeme, no estoy alentando a nadie a que se meta en los planes de matrimonio de otra persona. Pero ¿no es este el material de toda historia de amor clásica: no conformarte con menos, no decidir casarte con la persona a quien no amas, solo porque no crees que la persona que amas puede ser tuya? Este es uno de los atributos de Jimmy Blanchard que más me gustan: él no se detiene hasta que tenga un sentimiento claro de lo que ha de lograr en la vida, y persigue esa intención sin temor.

Muchas veces culpas a Dios por la vida que tienes, pero no sabes qué vida quieres tener. Sin duda, aquí se plantea un dilema. La vida que quieres puede que no sea la vida que Dios quiere para ti. Por eso el proceso debe comenzar primero con amar a Dios. Al amar a Dios con todo tu corazón, con toda tu mente y con toda tu alma es cuando Él comienza a dar forma a tus pasiones. Cuando Dios tiene tu corazón, puedes confiar en tus deseos. Su voluntad no es un mapa; es un fósforo. Él te muestra el camino prendiéndote fuego. ¡Conocerás el deseo de Dios para ti por el fuego que hay en tu interior! El fuego en ti iluminará el camino.

CUANDO DIOS HACE UNA PREGUNTA

Hay una historia en la vida de Jesús que siempre me ha parecido extraña. Es sobre un tiempo en que Jesús se iba de Jericó y una gran multitud comenzó a seguirlo. En medio de todo ese caos y conmoción, dos ciegos estaban sentados junto al camino.

> *Al oír que pasaba Jesús, gritaron:*
> *—¡Señor, Hijo de David, ten compasión de nosotros!*
> *La multitud los reprendía para que se callaran, pero ellos gritaban con más fuerza:*
> *—¡Señor, Hijo de David, ten compasión de nosotros!*
> *Jesús se detuvo y los llamó.*
> *—¿Qué quieren que haga por ustedes?*[2]

Esa tiene que ser la pregunta más innecesaria que yo he oído jamás. Digo esto con todo el respeto. Pero ¿te han hecho alguna vez una pregunta que tiene una respuesta tan obvia? Como cuando alguien te llama en mitad de la noche y lo primero que dice es: "¿Te he despertado?". ¡Claro que te despertó! Son las cuatro de la mañana. Creo que la próxima vez responderé simplemente: "No, estaba sentado junto al teléfono esperando tu llamada".

Pero los dos ciegos respondieron la pregunta de Jesús diciendo:

> *Señor, queremos recibir la vista.*
> *Jesús se compadeció de ellos y les tocó los ojos. Al instante recobraron la vista y lo siguieron.*[3]

Por lo general, cuando leemos una historia como esta nos asombra el resultado. No es poca cosa que dos hombres ciegos recibieran la vista. Es increíblemente esperanzador y reconfortante que Jesús tuviera compasión de ellos y también tuviera el poder para sanar. De modo que la pregunta que Él les hizo se pasa por alto con frecuencia. Después de todo, si Jesús es Dios, Él ya conocería la respuesta a la pregunta. Pero incluso si Él no fuera Dios, creo que probablemente podría haber reconocido las pistas. Dos hombres ciegos gritando desesperadamente: "¡Ten compasión de nosotros!".

"¿Qué quieren que haga por ustedes?".

Consideré las opciones. "Jesús, oí que eras carpintero. ¿Podrías hacerme un bastón muy bonito? De ese modo podré utilizarlo para ir por la vida tropezando". O "¿Podrías, Jesús, con tu gran generosidad, conseguirnos un carro romano, y con conductor, ya que somos ciegos?".

Cuando Jesús preguntó a los hombres *"¿Qué quieren que haga por ustedes?"*, no fue porque Jesús no lo supiera, sino porque necesitaba que ellos declararan lo que querían que Él hiciera por ellos.

"Queremos recibir la vista".

Me pregunto cuántas veces Dios nos ha preguntado: "¿Qué quieres que haga por ti?", y con falsa humildad hemos tartamudeado y hemos dicho: "Lo que tú quieras hacer, Señor, está bien".

El salmista David nos dice que hemos de deleitarnos en el Señor y Él nos dará los deseos de nuestro corazón.[4] Esto significa que tenemos que conocer nuestro corazón, tenemos que conocer nuestros deseos, y debemos permitir que esos deseos sean primero informados y después formados por nuestro amor y adoración a Dios. Él da forma a su voluntad en nosotros mucho más de lo que Él nos declara su voluntad. Si queremos saber lo que Dios quiere, tenemos que entregarle nuestro corazón y permitir que Él ponga deseos en nosotros que queramos más que ninguna otra cosa en el mundo. Por eso es tan importante el preguntar.

Si no conoces lo que quieres, entonces que Dios esté intentando darte lo que Él quiere para ti es un esfuerzo desperdiciado. Tienes que querer lo que Dios quiere para recibir lo que Él quiere darte. Jesús tenía toda la intención de dar la vista a aquellos dos hombres que eran ciegos, pero imagina si cuando Él hizo esa pregunta, ellos le hubieran pedido mucho menos de lo que Él deseaba darles. Estoy convencido de que muchos de nosotros vamos por ahí caminando ciegos porque pedimos a Dios un bastón, en lugar de pedirle la vista. Está claro que hay momentos en la vida en que no está dentro del ámbito de la intención de Dios para nuestra vida darnos ciertas cosas que le pedimos, pero ¿no preferirías errar por pedir demasiado que por pedir muy poco?

Lo cierto es que muchos de nosotros pedimos muy poco de Dios porque pensamos muy poco de Él. Tenemos temor a hacer grandes oraciones porque si Dios no interviene, eso podría hacer tambalear nuestra fe. Estoy convencido de que con demasiada frecuencia intentamos proteger a Dios con nuestras oraciones. Le pedimos que haga solamente lo que nosotros mismos podemos hacer, para así no ponerlo a Él en una posición embarazosa y demostrar a los incrédulos que Dios no es tan poderoso como habíamos esperado. Puedo asegurarte que Dios no necesita nuestra protección. Él no necesita nuestras pequeñas oraciones para proteger su gran nombre. ¿Es posible que nuestros sueños son demasiado pequeños para Dios y que nuestras ambiciones son demasiado pequeñas para necesitar a Dios? Si decidimos vivir una vida pequeña, no hacemos espacio suficiente para un Dios grande. Una y otra vez en las Escrituras, Dios llama a hombres y mujeres que piensan muy poco de sí mismos para lograr cosas grandes. Dios toma a hombres y mujeres que se sentían demasiado pequeños para una vida grande, y los desafió a soñar en grande y a vivir en grande.

CUANDO ES TIEMPO DE IR EN GRANDE

Era la semana anterior a la Pascua de 1981. Yo estudiaba cuarto año de bachillerato en la Universidad de Carolina del Norte, Chapel Hill. En aquel momento, mi vida de deportes organizados había llegado a su fin, pero seguía siendo un deportista ávido y apasionado, y siempre encontraba un modo de competir. Jugaba en una liga de fútbol cuando un jugador del equipo contrario me golpeó la pierna y lesionó mi rodilla. Aquella noche tenía tanto dolor que casi no podía dormir. Mi compañero de cuarto en la universidad había construido un desván donde podíamos dormir, dándonos más espacio de área para vivir. Durante esa noche yo no dejaba de dar vueltas. Parecía que cada vez que me sentía casi cómodo, la posición de mi pierna enviaba dolor a todo mi cuerpo. En cierto momento en medio de la noche di demasiadas vueltas, me caí del desván, y aterricé con mucha fuerza sobre el armario de excedentes militares de mi compañero de cuarto. Cuando caí, se me quedó atrapado el codo entre mi cuerpo y la esquina de ese armario, y pude sentir que algo se había roto.

Unos minutos después de caerme, mientras estaba tumbado quejándome y sin poder pronunciar palabra, oí preguntar a mi compañero de cuarto: "¿Se te cayó algo, o fuiste tú?".

Cuando se dio cuenta de que yo estaba tumbado en el piso, le pregunté si podría llevarme al hospital. Había creído que era mi buena suerte que mi compañero de cuarto hacía su especialidad en terapia física, pero no fue así. Él decidió dejarme allí toda la noche en el piso y me aseguró que me ayudaría a llegar al hospital en la mañana. Fue una noche dura. En la mañana, yo mismo fui hasta el hospital, y después de hacerme varias radiografías, los médicos me explicaron que la cabeza del radio de mi codo se había roto y que había poca probabilidad de que recuperara el movimiento en el brazo. ¿Mencioné que se me quedó rígido el brazo en un ángulo de treinta grados? Comencé terapia física en el Centro Médico de la Universidad de Carolina del Norte, y mi rango de movimiento era cero, cero, cero, cero. Tenía veintidós años y era un seguidor reciente de Cristo.

Yo era músico, tocaba en festivales y en eventos, intentando hacer todo eso para conectar a las personas con el Dios al que yo había conocido recientemente. Al fin mi vida parecía ir en la dirección correcta. Sé que no lo entendía todo correctamente, pero estaba viviendo con una pasión e intensidad que sentía por seguro que era lo que Dios quería de mí, y entonces tuvo que ocurrir aquello. Llegó como una significativa traición. ¿Por qué permitió Dios que me sucediera eso? La idea de que nunca volvería a mover el brazo era un pensamiento que me paralizaba.

Esa misma semana recibí una llamada telefónica de una organización que venía a Carolina del Norte desde Canadá. Estaban organizando un festival importante y de algún modo habían recibido mi nombre, y me preguntaban si yo podía actuar en el festival. Yo no quería decirles que me había roto el codo y que me habían dicho que nunca volvería a poder usar mi brazo. Por alguna razón inexplicable, sencillamente dije: "Cuenten conmigo".

Me senté después de terminar la llamada, agarré mi guitarra, y comencé a orar. No quería pedirle a Dios demasiado, pues eso tenía sabor de arrogancia, y lo último que quería expresar a Dios era cierto sentido de merecerlo. Así que hice una oración muy sencilla, una oración muy específica, una oración muy pequeña: "Dios, ¿querrías mover mi brazo hacia las cuerdas de la guitarra para que al menos pudiera tocar en el festival?". No estaba pidiendo demasiado, solamente un ajuste de quince grados en mi brazo paralizado.

Si eres una persona que cree en la sanidad, entonces lo que sucedió después es perfectamente comprensible. Si no crees que Dios sana a personas en el mundo actualmente, podría resultarte increíble lo que voy a decirte. Lo único que puedo decirte es que en ese momento, mi brazo se movió instantáneamente al lugar exacto donde estaban las cuerdas de mi guitarra. Al ser yo nuevo en la fe, ese fue un milagro asombroso. En el momento en que oré, Dios dijo sí y movió mi brazo. Fue como si Jesús me mirara y dijera: "¿Qué quieres que haga por ti hoy?", y yo respondiera: "Sé lo que quiero. Quiero que mi brazo se sitúe exactamente donde pueda tocar las cuerdas de la guitarra durante el resto de mi vida".

Fue en aquel momento cuando entendí lo estúpida que era mi oración. Me refiero a que una cosa es no creer que Dios te sanará. Si no crees que Dios sana, entonces tiene todo el sentido no orar por sanidad. Pero yo realmente creía que Dios podía sanarme y estaba seguro de que Dios no solo tiene el poder para sanar, sino que con frecuencia tiene intención de sanar. En el momento en que vi que mi brazo se movía, entendí que aquella fue la oración más estúpida que podría haber hecho nunca. Después de todo, si Dios respondió esa oración, habría respondido también una oración más grande. Si Él movió inmediatamente mi brazo hacia donde yo le pedí, ¿por qué no habría sanado por completo mi brazo si yo le hubiera pedido eso? Cuando Jesús me preguntó: "¿Qué quieres?", yo respondí: "Sé lo que quiero: quiero el bastón", sin darme cuenta de que Él realmente quería darme la vista. Me pregunto cuántos de nosotros escogemos nuestra parálisis, y después culpamos a Dios por no decirnos nunca que nos levantemos y caminemos.

Eso fue el Viernes Santo del año 1981. El lunes regresé a la terapia física en el Centro Médico de la UCN. Cuando hicieron un gráfico de mi progreso, yo había pasado de cero, cero, cero, cero a una recuperación total, sin explicación médica para mi sanidad. Aquel primer movimiento llegó al instante, pero el resto de mi capacidad llegó a lo largo de un fin de semana de trabajo duro. No fue sin dolor; no fue sin lucha. Hasta la fecha siento los efectos de aquella fractura. Después de todo, en esta vida toda sanidad es temporal. Quizá lo que Dios intentaba enseñarme era que Él puede sanar. Creo que Él intentaba inculcarme que lo que cambiaría mi vida más poderosamente sería dejar de conformarme con menos.

Cuando acudas a Dios, ve en grande, sueña en grande, ora en grande, pide en grande, vive en grande. Nunca vivirás tan en grande que llegues a ser demasiado grande para Dios. Si no sabes lo que quieres, obtendrás lo que no quieres. Si no sabes quién quieres llegar a ser, llegarás a ser alguien que nunca quisiste ser. Si no conoces qué vida quieres vivir, vas a vivir la vida que otra persona quiere que vivas. Si no sabes qué quieres que Dios haga en tu vida, te preguntarás por qué Él te dio tan poco, mientras que todo el tiempo Él estaba esperando a que tú vieras cuánto quería Él confiarte.

Recuerda: Eliseo reprendió al rey por no golpear su última flecha. Eliseo tenía claramente una mentalidad de la abundancia de Dios, y también sabía que Dios nos permitiría quedarnos con menos si nosotros no pedíamos más.

CUANDO LO SUFICIENTE NO ES SUFICIENTE

Una mujer acude a Eliseo. Es la viuda de uno de los profetas que servían en la comunidad de Eliseo. Acude a él cuando ha llegado al límite, y le dice: *"Mi esposo, su servidor, ha muerto, y usted sabe que él era fiel al Señor. Ahora resulta que el hombre con quien estamos endeudados ha venido para llevarse a mis dos hijos como esclavos"*.[5]

¿Has estado alguna vez en ese lugar en tu vida donde sientes que le has entregado a Dios todo lo que tienes, y sin embargo sientes que de algún modo Dios te ha abandonado? ¿Puedes imaginar vivir tu vida completamente para el propósito de Dios y quedar totalmente abandonado, sin tener futuro ni esperanza? La circunstancia de esta mujer no podía ser más trágica o insoportable. Pero para mérito de ella, en lugar de alejarse de Dios, acude a Él al acudir a Eliseo.

Tras escuchar su situación, Eliseo le hace una pregunta que se hace eco de las palabras de Jesús a los dos ciegos: *"¿Y qué puedo hacer por ti?"*. En momentos como esos, necesitas saber lo que quieres. Eliseo ahonda más y le pregunta: *"Dime, ¿qué tienes en casa?"*.

Su respuesta es una descripción del estado de su alma más que una descripción de sus finanzas. Ella dice: *"Su servidora no tiene nada en casa"*. Y tras reflexionar añade: *"excepto un poco de aceite"*.[6]

> *Eliseo le ordenó: Sal y pide a tus vecinos que te presten sus vasijas; consigue todas las que puedas. Luego entra en la casa con tus hijos y cierra la puerta. Echa aceite en todas las vasijas y, a medida que las llenes, ponlas aparte.*

> *En seguida la mujer dejó a Eliseo y se fue. Luego se encerró con sus hijos y empezó a llenar las vasijas que ellos le pasaban. Cuando ya todas estuvieron llenas, ella le pidió a uno de sus hijos que le pasara otra más, y él respondió: «Ya no hay». En ese momento se acabó el aceite.*

> *La mujer fue y se lo contó al hombre de Dios, quien le mandó: «Ahora ve a vender el aceite, y paga tus deudas. Con el dinero que te sobre, podrán vivir tú y tus hijos».[7]*

Este momento en la vida de Eliseo nos da mucha perspectiva en cuanto a su comprensión de cómo obra Dios en el mundo. Realmente él nunca le dice a la mujer lo que Dios va a hacer; le dice tan solo lo que ella tiene que hacer. Y aunque ella siente que no tiene nada que ofrecer, él le revela que incluso lo poco que ella ha confiado a Dios creará un futuro que ella nunca pudo imaginar. Nuestras necesidades son la oportunidad de Dios para revelar su generosidad y su bondad hacia nosotros.

La mujer tiene una pequeña vasija de aceite de oliva. Es asombroso que Dios no necesita mucho para hacer mucho. Él tan solo necesita todo lo que tenemos, lo cual, contrario a nuestras propias autoevaluaciones, es muy poco en comparación con Dios. Eliseo le dice entonces que acuda a sus vecinas y pida vasijas vacías, y me encanta cómo insiste: *"consigue todas las que puedas"*. Para mí resalta que Eliseo le da el aviso de que no pida demasiado poco. ¿Por qué no hizo lo mismo por Joás? Puede que no lo sepamos nunca, pero sí me sorprende que ella era una viuda pobre y él era un rey poderoso. Quizá Dios espera más fe de nosotros cuando se nos ha dado más. La fe de ella salvaría su vida; el destino de un reino estaba en juego con el rey. Eliseo demandó mayor fe del rey porque había mucho más en juego. Parece conocer la inclinación humana a esperar demasiado poco de Dios. Es como si estuviera tratando de sondear la fe de la mujer: "Créeme, vas a querer tener muchas vasijas vacías".

No sabemos cuántas vasijas consigue la viuda o a cuántas vecinas les pide. Quizá, por vergüenza, ella acude a unas pocas, o quizá pone a un lado su humillación y acude a todas las que puede encontrar y llama a todas las puertas que puede. Después de todo, no está pidiendo nada de gran valor. No les está pidiendo a otros que le provean. Lo único que quiere son las vasijas vacías. Dios tomará lo que otros consideran sin valor, y lo convertirá en recipientes para su abundancia.

Y ahí comienzan la mujer y su hijo. Ella toma el poco aceite de oliva que tiene en su pequeña vasija y comienza a derramarlo en las vasijas que ha reunido. El aceite se multiplica una y otra vez. Ella sigue derramando, y derramando, y derramando, y cuando todas las vasijas están llenas le dice a su hijo que le pase otra más, y él tiene que darle la mala noticia: *"Ya no hay"*.[8]

Imagino que en ese momento ella desea con cada fibra de su ser haber tenido mayor previsión y más vasijas de las que había reunido. No es incidental que cuando todas las vasijas están llenas y ya no quedan más vasijas, entonces y solamente entonces el aceite cesa de fluir. A Dios no se le acaba el aceite; a la viuda se le acaban las vasijas vacías. Afortunadamente, es más de lo que ella necesita. Puede vender el aceite y saldar sus deudas, asegurándose de que sus hijos nunca vivirán como esclavos, sino que siempre caminarán como hombres libres.

Este momento en la vida de Eliseo implica la misma verdad profunda que encontramos en el momento con Jesús y los dos ciegos. Aunque nuestra necesidad es obvia, aún permanece la pregunta: "¿Qué quieres?". Dios está intentando enseñarnos algo con esto. Él llenará toda vasija vacía que le traigamos. Tomará la pequeña vasija de aceite que tienes y lo multiplicará en una abundancia inimaginable. Y quizá más importante, cuando preparas tu corazón para recibir de Dios, no debes pedir unas cuantas vasijas. Consigue todas las vasijas que puedas, porque en el momento en que estén llenas, el aceite cesará de fluir.

No se trata en absoluto de codicia o avaricia; no se trata de escoger la glotonería por encima de la gratitud. Se trata de situar tu corazón y tu vida en la dirección de Dios, sabiendo que aunque puede que Él no te dé todo lo que le pides, es el Dios que espera a que nosotros pidamos de tal modo que la provisión sea prueba de que Él está con nosotros. Nunca debemos olvidar que Dios es quien *"puede hacer muchísimo más que todo lo que podamos imaginarnos o pedir, por el poder que obra eficazmente en nosotros".*[9]

Dios puede hacer y desea hacer mucho más de todo lo que podamos pedir o imaginar. Simplemente no podemos ofenderlo por hacer demasiado grandes nuestras peticiones. En el Salmo 2:8 se nos dice:

> *Pídeme,*
> *y como herencia te entregaré las naciones;*
> *¡tuyos serán los confines de la tierra!*

Eso sí que es pedir en grande. Es una petición del tamaño de Dios. Puede que tengas que conformarte en muchas áreas de tu vida, pero nunca te conformes con menos de aquello para lo cual Dios te creó para vivir.

10

Listo Para la Batalla

Yo tenía veintinueve años y era el pastor de una pequeñísima congregación en el sur de Dallas cerca del Cotton Bowl. Estábamos en uno de los distritos postales más violentos en los Estados Unidos. Nuestra zona tenía un índice de delitos y asesinatos extremadamente elevado.

Cuando comencé, nos reuníamos menos de diez adultos en un dúplex en la misma calle donde había vivido Aaron Spelling cuando era niño. Estábamos en la sombra del lugar donde fue asesinado el Presidente John F. Kennedy. Y ahora ni la oficina del fiscal de distrito ni la oficina de libertad condicional permitían a sus empleados aventurarse a estar en esta comunidad.

Yo había estado allí casi por seis años, y un análisis objetivo probablemente me clasificaría como un fracaso. En un día bueno, yo predicaba a cincuenta personas. Nuestra congregación estaba formada por madres solteras que tenían familias grandes, con hijos por lo general de distintos padres. Los hombres que estaban con nosotros eran a menudo traficantes de drogas cuyas carreras estaban profundamente atrincheradas en el mercado negro. Nuestra congregación estaba compuesta por afroamericanos, extranjeros indocumentados, y algunos caucásicos que llegaban desde fuera de la zona. La mayor parte de nuestra congregación estaba en asistencia social, y el nivel educativo promedio era equivalente al de un estudiante de escuela elemental.

Pasé la mayor parte de mis veintitantos años recorriendo aquellas calles, infiltrándome en los cárteles de la droga, y llevando a Cristo a quienes eran invisibles para la mayoría de América. Imagino que la mayoría de clientes de prostitutas asistían a iglesias en las afueras, pero las prostitutas venían a Cornerstone. Pasé casi diez años en ese ambiente y siempre me resultó profundamente gratificante. Te aseguro que no conllevaba ninguna fama o notoriedad. Yo vivía en el anonimato. Incluso tras diez años, considerábamos un milagro si alguna vez teníamos a trescientas personas un domingo.

Era el 21 de agosto de 1988. Yo acababa de regresar a casa tras una semana en un campamento. Estaba agotado, y lo único que quería era dormir. Mi esposa Kim me había reclutado como voluntario para trabajar tras bastidores en un evento inmenso basado en la fe, que ella ayudaba a administrar. Esa noche se reunirían veinte mil personas en el Reunion Arena, donde los Mavericks de Dallas jugaban al básquet. Mi tarea sería servir como "consejero direccional". Eso significaba que tenía que estar de pie detrás del escenario y dirigir el foco en la dirección hacia donde las personas debían caminar después de haber respondido al mensaje y estuvieran buscando más consejo.

Yo había servido en esa capacidad durante los pasados años, siempre estaba contento de poder hacerlo, pero aquel día estaba demasiado cansado. Le dije a Kim que tendría que encontrar a alguien más para sustituirme esa noche. Ella no cooperó. Expresó su convicción de que yo había dado mi palabra y que debía estar allí para cumplir mi compromiso. Yo di un paso atrás y le recordé que la tarea no requería ninguna destreza o talento, y que mi ausencia ni siquiera debería suponer un problema. Ella fue implacable. Yo estaba agotado. Al haber aprendido pronto las destrezas del compromiso matrimonial, cedí y estuve de acuerdo en hacerlo.

No tenía ropa limpia, ni tampoco tenía una buena actitud. Me detuve en una tienda llamada Miller's Outpost y compré unos pantalones vaqueros de camino al evento. Tenía tanta prisa y estaba tan frustrado que no me molesté en probarme los pantalones o ni siquiera comprobar la talla. Cuando llegué allí, me los puse y me di cuenta de que eran varias tallas más grandes que la mía, y demasiado largos. Creo que ese fue el comienzo de la cultura hip-hop de la vieja escuela.

Menos de una hora antes del evento, el Dr. Carlos McCloud, que era el director ejecutivo de la conferencia, se acercó a mí y me explicó que el orador que estaba programado no iba a poder llegar porque su avión había sido demorado. Por alguna razón inexplicable, en lugar de llamar a un orador de entre las personas que lo rodeaban, me agarró y dijo que sentía que Dios me estaba llamando a mí a ser el orador esa noche. Sinceramente, cuando él lo dijo pensé que estaba bromeando. Pensé que estaba jugando con mis sentimientos y esperando que yo respondiera con un entusiasta: "Hágame entrar, entrenador", para que así él pudiera retractarse y humillarme al dejarme saber que eso nunca sucedería.

Lo dijo una segunda vez, intentando comunicarme la importancia de ese momento. Yo me reí y descarté una vez más su invitación.

La tercera vez me agarró por los hombros, comenzó a sacudirme, y acercó su cara a la mía todo lo que era humanamente posible sin tocarme. Violó cada sentido de corrección y de requisitos de espacio personal. Con toda la convicción que pudo reunir, dijo: "Erwin, el Señor te está llamando a predicar esta noche". La tercera vez, finalmente lo capté. Entendí que él no estaba bromeando; no se estaba burlando de mí; me estaba llamando.

Este hombre tenía treinta años más que yo, y los dos teníamos una relación tenue, en el mejor de los casos. Yo no lo entendía a él, ni él me entendía a mí. Él era bautista del Sur totalmente conservador que vestía de traje dondequiera que iba, y yo era un predicador que llevaba pantalones vaqueros y tenis. En su mundo, todos llevaban una Biblia; en mi mundo, todos llevaban un arma. ¿Mencioné que dejé mi Biblia en casa? No veía ninguna razón para llevarla. Lo único que necesitaría sería un foco de luz, y eso lo proveerían allí.

Así que le miré y dije: "Necesitaré una Biblia". Él no dejó que eso lo desalentara en lo más mínimo. Tan solo me miró y dijo: "¿Qué traducción?", e hizo que sucediera.

Yo me alejé tambaleante cuando él se fue en ese momento. Fui a buscar a mi esposa, deseoso de decirle lo que acababa de suceder. Pensé que ella se quedaría asombrada, quizá paralizada por la incredulidad. En el momento en que le conté lo que sucedió, ella me miró sin mostrar sorpresa alguna. De hecho, decidió convertir aquello en un momento de aprendizaje. Dijo: "Dios me dijo que tú ibas a predicar esta noche cuando me desperté esta mañana. Durante todo el día he sabido que esto iba a suceder".

Yo estaba confuso y le pregunté si alguien le había dicho que el orador no llegaría.

Ella dijo: "No, Dios me dijo que tú ibas a hablar".

Entonces me sentí un poco frustrado. Después de todo, ella era mi esposa. Si ella tenía ese tipo de información desde dentro, debería habérmelo dicho. Le pregunté por qué no me dijo que había pensado que yo iba a ser el orador esa noche, y ella respondió como solo Kim puede hacerlo: "Porque tenías que venir por las razones correctas. Tenías que venir aquí para servir, para ser fiel al compromiso que habías hecho. Yo sabía que si no venías, te habrías perdido esta oportunidad que Dios tenía esperando para ti".

No estoy seguro de cuál conversación me sacudió más.

En ese punto, estaba a menos de sesenta minutos de que me esperaran sobre la plataforma, y me sentía demasiado pequeño para ese gran momento. Mientras caminaba tras bastidores para asegurarme una Biblia, alguien cuya identidad no recuerdo me dijo: "Acabo de escuchar que vas a hablar esta noche. Este es tu momento. Este es el momento del éxito total o el fracaso completo."

Sus palabras fueron como keroseno sobre el fuego de mis inseguridades. Encontré una sala pequeña, cerré la puerta tras entrar, caí sobre el piso, y comencé a orar y a llorar descontroladamente. Si iba a tener un solo momento que me definiría durante el resto de mi vida, realmente habría preferido saberlo con más antelación. No es que no hubiera soñado con un momento como este. No es que no hubiera querido un momento como este. Yo había orado por este tipo de momento, y ahora descubriría si me había preparado para él.

Aquella noche pasé de tener como mi audiencia más grande a cerca de 200 personas, a hablarle a una audiencia de casi 20.000 personas. Fue un momento definitorio en mi vida, y de las maneras más poderosas lo cambió todo para Kim y para mí. Ese momento nos lanzó desde el anonimato hacia la notoriedad, y debido a ese momento se abrió para nosotros un mundo que no habíamos conocido antes. No puedes seguir siendo el mismo cuando ves a miles de personas respondiendo a tu mensaje, y puedo decirte que en aquellos treinta minutos di todo lo que tenía. Di cada gramo de pasión, de fuego y de intensidad. Pero no fue porque hubiera veinte mil personas delante de mí; fue porque eso es lo que entregaba cada día de mi vida. Prediqué a esas veinte mil personas del mismo modo que predicaría a veinte.

Cuando terminó todo, me acerqué al Dr. McCloud y le pregunté por qué me escogió. "¿Cómo sabía que yo era la persona que debía estar sobre esa plataforma?". En lo que a mí respectaba, él nunca me había oído hablar.

Su respuesta llegó tan rápidamente que supe que había pensado en eso largo y tendido. Él dijo: "Hace más de un año entré en su edificio en el sur de Dallas. Le oí predicar en español a un pequeño grupo de personas que estaban estudiando inglés como segundo idioma". Siguió explicando: "No pude entender ni una sola palabra de lo que usted dijo, pero supe exactamente lo que estaba sucediendo en el salón. Debido a ese momento, le confié este otro".

PREPARADO PARA LA GRANDEZA

Si hay un pensamiento culminante en *La Última Flecha*, es el siguiente: Está preparado cuando llegues allí. No cometas el error de vivir tu vida esperando a que sucedan cosas buenas; haz que sucedan cosas buenas. Sé fiel en las cosas pequeñas que no te importan tanto y trátalas con el mismo nivel de respeto e importancia que das a las cosas grandes conectadas con tus esperanzas y sueños. Recuerda que Jesús planteó este principio para nosotros: la persona que es fiel en lo poco es aquella a quien se confiará lo mucho.[1] Yo no sabía que predicar semana tras semana, mes tras mes, y año tras año a poco más que a un puñado de personas era la preparación necesaria para el futuro que Dios tenía esperando por mí.

Con frecuencia, los comunicadores jóvenes me preguntan dónde aprendí mi enfoque tan particular para hablar. Para mí, comenzó en las esquinas de las calles hablando a las personas sin techo y viajando a la celebración de Mardi Gras, manteniendo conversaciones con las multitudes. Alcancé a personas que estaban en albergues, y a los pobres. Y recuerdo orar cuando tenía veintitantos años que Dios de alguna manera diera a esas personas, que con frecuencia reciben lo segundo, lo mejor posible por medio de mí. Si tengo alguna habilidad como comunicador, no es porque necesitara nunca el escenario; es porque me importan profundamente las personas que no tenían a nadie intentando alcanzarlas.

Aunque estoy convencido de que todo lo que hice en aquellos diez años sirviendo a los pobres urbanos tenía valor en sí mismo y por sí mismo, también tenía un valor que yo no percibía. Las calles fueron el terreno de entrenamiento perfecto para lo que el seminario no pudo hacer por mí. Ahora miro atrás y entiendo que cada día en que emprendí el duro trabajo de ser fiel en las cosas pequeñas, me estaba preparando para algo mayor de lo que nunca pude haber imaginado.

Muchos de nosotros estamos intentando llegar "allí", dondequiera que pueda estar ese "allí". Pero cuando llegamos allí, no estamos preparados para ello. Si tomamos atajos, llegaremos allí antes de estar listos. Necesitamos prepararnos para cualquier cosa que Dios haya planeado. Cuando finalmente lleguemos allí, necesitamos estar listos. Necesitamos estar listos para esos momentos inesperados cuando somos llamados a elevarnos, esos momentos mucho más grandes que nosotros en los que apenas podemos respirar. Debemos estar listos para la batalla.

La gran tragedia sería vivir tu vida *esperando* que llegue ese momento, en lugar de vivir tu vida *preparándote* para cuando llegue el momento. En la economía de Dios, nada se desperdicia. Todo lo que haces hoy que parece insignificante encontrará su significado. Nunca debes ver una tarea como demasiado pequeña para ti. Si pequeño es lo que se te confía, esa es tu mayordomía.

Golpear la última flecha no se trata solamente de aprovechar cada oportunidad; también se trata de ser la persona correcta en el momento correcto. El momento requiere acción o incluso reacción. Esos momentos y acciones son informados y avivados por quiénes somos. La mejor manera de asegurar que aprovecharás cada oportunidad es ser la mejor expresión de quién eres. Demasiados de nosotros pasamos demasiado tiempo intentando maximizar las oportunidades que nos rodean, y demasiado poco tiempo comprometidos a maximizar el potencial en nuestro interior. Lo que he visto a lo largo de toda la vida es que, desde nuestra percepción, nos preguntamos por qué Dios no nos ha dado las oportunidades que anhelamos, y desde su percepción, Él se pregunta por qué decidimos no estar preparados para las oportunidades que Él puso justo frente a nosotros. El fracaso raras veces se trata de los desafíos que enfrentamos; más bien se trata de nuestra falta de preparación. No puedes conocer cada desafío que enfrentarás, ¡pero puedes saber quién eres cuando enfrentes ese desafío!

HASTA EL FONDO

Uno de los personajes más interesantes que he conocido en tiempos recientes es Charlie Lew. Charlie nació en Escocia y ahora vive en Los Ángeles. Su acento lo hace sonar como si perteneciera al reparto de *Braveheart,* y también tiene el mismo aspecto. En la universidad, Charlie era un jugador de fútbol que después siguió adelante con la esperanza de jugar al fútbol americano para la Universidad Estatal de Florida. Hay muy pocos jugadores de fútbol que pesen 270 libras (122 kilos), pero golpear personas y detenerlos en seco parecía un talento natural para él.

Después de Florida, se fue de Jacksonville y se mudó a Los Ángeles mientras estudiaba en la Facultad de Derecho Loyola. Conozco a Charlie como propietario de restaurante. A muy poca distancia de mi casa hay un restaurante llamado Stout Burgers and Beer, donde puedes comer una de las mejores hamburguesas en Los Ángeles. Charlie fue reconocido por *Los Angeles Business Journal* como el mejor restaurador emergente, y sigue ampliando sus empresas creativas por todo el país. Cuando decidió abrir Stout, escogió como su ubicación una cafetería poco atractiva, sucia y deteriorada en el corazón de Hollywood. Con visión y determinación, él llegó a ser una de las fuerzas significativas para catalizar la reurbanización del centro de Hollywood.

Le pregunté a Charlie cómo terminó en el negocio de restaurantes, y mientras relataba su historia me parecía estar en medio de un juego de "ahora lo ves y ahora no". Su vida es una serie de partes móviles rápidas e inesperadas. Mientras Charlie intentaba pagarse sus estudios de Derecho, trabajaba como guardia de seguridad en uno de los clubes más populares de LA llamado Las Palmas. Mientras estaba allí, hizo todas las tareas que pudo. Era ayudante de camarero, ayudante en el bar, e incluso conductor para propietarios ebrios. Desde Las Palmas pasó por varios de los lugares populares de Hollywood como guardaespaldas. No creo que Charlie supiera cuando vivía en Escocia que estudiar artes marciales le prepararía para esa ocupación en particular, pero fue esa ocupación la que abrió la puerta para la siguiente fase de su vida.

Mientras trabajaba como jefe de seguridad y jefe de piso para un creciente grupo de administración de bares, los dueños de repente se encontraron en una grave crisis legal. El dueño acudió a Charlie y le dijo que necesitaba su ayuda legal. Hasta ese momento, Charlie nunca había trabajado como abogado. Él estaba cómodo como jefe de seguridad, pero se sentía totalmente fuera de su liga al ocuparse de esa demanda. Ahora iba a litigar una candente disputa de tierras.

Tras una batalla legal breve, pero intensa, a Charlie le pagaron por sus exitosos servicios con acciones del que llegaría a ser uno de los bares más exitosos en la historia nocturna de Los Ángeles. Charlie pasó de ayudante de camarero, guardaespaldas y jefe de seguridad a accionista de un club exitoso. En cada fase de su vida, su diligencia y determinación le ayudaron a obtener las habilidades y competencias necesarias para la siguiente fase de su vida. Desde allí, Charlie abrió su primer restaurante, y desde ese primer éxito amplió su alcance tan lejos como Austin (Texas) y Charlotte (Carolina del Norte).

Lo que me encanta de la historia de Charlie es que el suyo es un viaje de vueltas y giros inesperados. No hubo línea recta desde un muchacho que se crió en Escocia hasta ser un restaurador viviendo en Los Ángeles y abriendo franquicias por todos los Estados Unidos. Su viaje estuvo lleno de desafíos inesperados que él convirtió en oportunidades. Desde servir mesas a los dieciséis años hasta diseñar mesas veinte años después, si quitamos lo que hay en medio, parecería ser una línea recta hasta el éxito. Lo hermoso es que no te estás conformando con menos cuando sirves mesas o metes la compra en fundas, si lo haces con toda tu pasión y lo mejor que puedes. Te aseguro: cuando das lo mejor de ti cuando estás en el fondo, subirás a la cima.

CON TU ÚLTIMO ALIENTO

No estoy seguro de lo que Elías vio en Eliseo, por qué lo escogió a él por encima de cualquier otro. La Escritura no nos dice lo que Elías sabía sobre él o lo que vio en él. Lo único que sabemos de Eliseo es cómo respondió cuando llegó la oportunidad. Cuando Elías lo llamó, Eliseo lo siguió. Cuando Elías intentó dejarlo atrás, Eliseo se negó. Cuando los dos estaban solos después de haber cruzado el Jordán, Eliseo tuvo la audacia de pedir a Elías una doble porción de su espíritu. Incluso Elías no estaba seguro de si eso era posible. A pesar de lo poderoso que fue Elías, Eliseo demostró serlo todavía más.

Lo que sabemos sobre Eliseo es que el momento nunca pareció demasiado grande para él. Nunca tropezó hacia el futuro. Nunca tuvo esa incómoda incertidumbre de no estar preparado. Independientemente de lo que Dios pudiera hacer o de cualquier otra cosa que llegara al camino de Eliseo, de la única cosa que Eliseo parecía estar seguro era de que él se presentaría preparado. Cada vez que llegaba allí, estaba listo.

Quizá eso explica su enojo hacia el rey cuando él golpeó la flecha solamente tres veces. Las siguientes son algunas de las últimas palabras de Eliseo antes de morir: *"Toma las flechas... ¡Golpea el suelo!".*[2] Y el rey, claro está, la golpeó tres veces y se detuvo. A Eliseo le pareció increíble que el rey se detuviera. ¿Por qué se detendría alguien antes de que Dios lo ordene? ¿Por qué se conformaría con una victoria parcial? ¿Por qué se conformaría alguien con menos? ¿Quién no golpearía, una y otra vez, hasta que ya no quedaran más flechas?

No es incidental que Eliseo muriera inmediatamente después de este momento decisivo. El rey viviría sabiendo que se conformó con menos. Eliseo moriría sabiendo que nunca se conformó.

Este era un hombre que murió sin dejar nada sin hacer. Sin embargo, hay una peculiar nota al margen que dice que mucho después de que Eliseo fuera enterrado, guerrilleros moabitas invadían la tierra cada primavera un día en particular. Unos israelitas estaban enterrando a un amigo cuando de repente vieron a las bandas de guerrilleros, así que lanzaron el cuerpo del hombre en la tumba de Eliseo. Se nos dice: *"Cuando el cadáver tocó los huesos de Eliseo, ¡el hombre recobró la vida y se puso de pie!".*[3]

Creo que este es un recordatorio no tan sutil de que si verdaderamente vives antes de morir, tu vida tendrá un poder que ni siquiera la muerte puede conquistar. Hay algunos de nosotros con dos pies plantados firmemente en el suelo. Estamos vivos, por así decirlo, pero estar cerca de nosotros produce muerte y desengaño. Es mejor ser como Eliseo, ¡que en la muerte física seguía produciendo vida!

Por lo tanto, ¿qué vas a hacer? ¿Qué vas a escoger? ¿Te conformarás con menos de lo que Dios ha pretendido para ti, o seguirás golpeando la flecha hasta que ya no te quede nada más que dar, hasta que hayas entregado todo lo que tienes, y todo lo que eres, y hasta que sepas que, cuando todo esté dicho y hecho, has muerto con tu aljaba vacía?

Mientras Jesús colgaba en la cruz, en los últimos minutos de su vida, pronunció una sola palabra que se ha traducido como cuatro: "*Todo se ha cumplido*".[4] No hay ejemplo más profundo de un hombre que no dejó nada sin hacer, que no retuvo nada, que entregó todo de sí mismo y se entregó a sí mismo totalmente. Aunque fue una muerte trágica, hay algo extrañamente hermoso sobre ese momento: ser capaz de susurrar con tu último aliento una palabra que hace saber al mundo que hiciste exactamente aquello para lo cual naciste. En ese momento, la muerte no tiene poder, la muerte no tiene victoria. No hay remordimiento, solamente un profundo sentido de realización.

Estoy convencido de que cuando vivimos nuestras vidas conectados con Aquel que entregó su vida por nosotros, cuando vivimos sin temor, con valentía y sin reservas, llegaremos al final de nuestras propias vidas, y con nuestro último aliento también podremos decir: "Misión completada". Y quizá en ese momento oiremos a Jesús susurrar en las profundidades de nuestras almas: "*¡Hiciste bien, siervo bueno y fiel!*".[5]

Ralph Waldo Emerson dijo: "La manera de escribir es lanzar tu cuerpo a la marca donde son lanzadas tus flechas".[6] Estoy de acuerdo de todo corazón, excepto que yo añadiría un matiz en particular: que la manera de *vivir* es lanzar tu cuerpo a la marca donde son lanzadas tus flechas. Ojalá estemos todos en el campo de batalla cargando sin temor hacia las líneas enemigas y sabiendo que al final de todo, golpeamos nuestra última flecha.

Porque aunque no te conozca personalmente, esto sé de seguro: te esperan grandes batallas. Hay dragones que matar y gigantes que derribar. Y aunque puede que no conozcas las batallas que enfrentarás, hay una cosa que puedes saber: que estás listo para la batalla. Que estás preparado para la gran pelea. Que para ti no hay opción. Tú lanzarás cada flecha. Y cuando tu arco esté desgastado, tomarás en tu mano esa última flecha, y con tu último aliento y todas las fuerzas que te queden dentro, golpearás, y golpearás, y golpearás.

PARA RECURSOS ADICIONALES, VISITA

WWW.ERWINMCMANUS.COM

RECONOCIMIENTOS

La Última Flecha es en muchos aspectos un mensaje de vida para mí. Las palabras que forman este libro reflejan tanto mi filosofía de vida como cualquiera que haya escrito jamás.

La redacción de este libro llegó en un tiempo de gran desafío e incluso conmoción en mi vida. Siempre hay dolores de parto implicados a la hora de escribir un libro, pero esta vez la lucha se llamaba cáncer. Sin embargo, fue como si nunca perdiéramos ni un ritmo al mantenernos fieles a nuestro compromiso de terminar el libro a tiempo. Como siempre, fue necesario un gran equipo para realizarlo. Estoy agradecido por cada una de las personas que hicieron posible este proyecto, y especialmente a aquellos que creen tanto en su mensaje, que han dado de su tiempo y energía para hacer que sea un éxito.

Quiero dar las gracias a Fedd Agency y especialmente a Esther Fedorkevish y Whitney Gossett por creer en mí y en el mensaje de *La Última Flecha*. Su pasión y compromiso con este mensaje han sido inspiradores para mí, y me han impulsado a creer que resultarán cosas grandes de todo nuestro duro trabajo.

También me gustaría reconocer al equipo en WaterBrook por hacer posible este libro y comunicar el mensaje en todo el mundo. Gracias, Alex Field y Andrew Stoddard, por todo su trabajo duro y su compromiso con *La Última Flecha*.

De mi equipo aquí en LA, siempre debo dar gracias por Holly Quillen y Alisah Duran, que son más importantes para mí que el papel y la pluma para un escritor. Nada de esto habría sucedido sin ustedes dos. Gracias también a Brooke Odom por ayudarme con tantas de las asombrosas entrevistas y añadir mucho color al manuscrito.

Gracias también a Deborah Giarratana, que ha entregado mucho de sí misma para extender la influencia y el impacto de este mensaje.

También quiero dar gracias a mi equipo de liderazgo en Mosaic en Los Ángeles, que hace posible que yo pueda sacar tiempo para escribir y crear obras como *La Última Flecha*. No hay lugar ni personas como Mosaic, y estoy muy agradecido por llamarles mi familia y mi iglesia. Ustedes son la tribu con la que camino cada día. Ustedes son los guerreros que pelean la buena batalla conmigo hombro con hombro. ¡Juntos hemos enfrentado grandes retos y hemos luchado grandes batallas! Ustedes han redefinido para mí el significado de iglesia, y no podría imaginar recorrer la vida sin ustedes. Gracias por creer en mí y en mi mensaje, y por creer que el mundo necesita oír lo que hemos aprendido en la lucha.

Quiero dar las gracias a mi hermosa esposa, Kim, que ha permanecido a mi lado por más de treinta y tres años. Tú me has visto en mis peores momentos y en los mejores. Sé que tuviste que enfrentarte a la posibilidad de vivir la vida sin mí este año. No podría hacer esto sin ti. Nos llevamos el uno al otro en el corazón siempre. Tú eres un huracán y una tempestad. El mundo a donde tú has viajado nunca es el mismo. Tus flechas vuelan hasta los lugares más remotos y peligrosos en el mundo, haciendo un bien que cambia las vidas de quienes no tienen nombre. Me siento honrado de ser tu esposo.

Quiero expresar mi amor y afecto por la hija que Dios nos dio antes de que tuviéramos hijos: Paty. Estoy muy agradecido de que Dios te trajera a nuestras vidas. A Paty Campodonico; su esposo, Steve; y sus hermosos hijos, Stevie y Mia. Estoy muy orgulloso de ustedes. Celebro sus vidas y el amor que ustedes tienen por Jesús y por las personas. El futuro les está esperando. Ojalá lo persigan con todo su corazón y con todas sus fuerzas. Que vivan plenamente y sin temor por la causa de Cristo.

Quiero dar gracias a mi hija, Mariah, por personificar lo que significa entregar todo de uno mismo por la causa de Cristo y la iglesia. Tú eres el viento y las olas que mueven océanos hasta sus playas. Gracias por dirigir el camino. Gracias por tu sacrificio. Gracias por tu fuego y tu pasión. Tú eres lo que es un corazón totalmente entregado a Dios. Eres a la vez una fuente de gracia y una fuerza de la naturaleza. Eres una flecha que vuela fiel. Fue al mismo tiempo hermoso y doloroso entregarte en matrimonio este año. Te has casado bien. Jake Goss es un hombre hecho y derecho, y un hombre conforme al corazón de Dios. Amo a Jake y no podría ser más feliz de que la familia Goss sea ahora nuestra familia también. Jake, estoy orgulloso de ti y honrado de tenerte como hijo.

A mi hijo Aaron, que es pasión pura envuelta en piel. Has regresado a nosotros con un fuego que arde con fuerza y brillo. Fuiste hecho para estar en la primera línea; naciste para la batalla. Sangras por la causa. Eres un hijo del trueno. Eres una flecha y también un arquero. Me encanta vivir la vida junto contigo, y que luchemos juntos las batallas.

Me gustaría expresar mi gratitud a los médicos y cirujanos que se ocuparon de mí y me ayudaron a recuperar la salud y una nueva vida: Dr. Ramin Khalili, Dr. Kenetth Lam, Dra. Lisa Ma, Dr. Se-Young Lee, y Dra. Sandy Lee.

También me gustaría expresar mi gratitud a Brad y Shanda Damphousse por su inversión en nuestra misión, y su profunda pasión por llevar el mensaje a tantas personas como sea posible. Muchas gracias por llenar nuestra aljaba con más flechas de las que nunca imaginamos.

Sobre todo, debo agradecer a Aquel que murió por mí y me enseñó a vivir. Gracias, Jesús, por entregar todo de ti mismo por nosotros. Gracias por mostrarme el camino a la vida. Jesús, tú has demostrado ser todo lo que prometiste. Tú eres verdaderamente la Última Flecha.

NOTAS

CAPÍTULO 1: EL PUNTO DE NO RETORNO

1. Ver 2 Reyes 13:14-20.

2. *Gattaca*, dirigida por Andrew Niccol (Culver City, CA: Columbia Pictures, 1997), DVD.

CAPÍTULO 2: NO GUARDES NADA PARA LA PRÓXIMA VIDA

1. Mick Fanning, citado en Nick Mulvane, "Shaken Fanning Not Giving Up on Surfing Despite Shark Attack", Sports News, *Reuters*, 21 de Julio de 2015. Consultado en línea. http://uk.reuters.com/article/uk-surfing-australia-fanning-idUKKCN0PV0M020150721.

2. Devdutt Pattanaik, "East Vs. West—the Myths That Mystify", TED India, 18:26, filmado en noviembre de 2009. Consultado en línea. www.ted.com/speakers/devdutt_pattanaik.

3. 2 Reyes 13:19.

CAPÍTULO 3: ESCOGE EL FUTURO

1. 1 Reyes 19:20.

2. Ver 2 Reyes 13:18-19.

3. Hechos 7:3.

4. Lucas 9:57-62.

5. Lucas 14:26.

6. Erwin Raphael McManus, *Chasing Daylight: Seize the Power of Every Moment* (Nashville: Thomas Nelson, 2002).

CAPÍTULO 4: PRENDE FUEGO A TU PASADO

1. Jeremías 20:9.

CAPÍTULO 5: REHÚSA QUEDARTE ATRÁS

1. Ver 2 Reyes 2:1-10.

2. 2 Reyes 2:11-15.

3. Juan 19:30.

4. Isaías 6:8.

CAPÍTULO 6: ACTÚA COMO SI TU VIDA DEPENDIERA DE ELLO

1. Lucas 24:5.

2. 2 Reyes 7:3-4.

3. 2 Reyes 7:5-8.

4. 2 Reyes 7:9.

5. Jeremías 29:11. Ver otras promesas en Deuteronomio 5:33; 8:18; 28:11; 30:9; Salmos 1:3; Proverbios 28:25; Malaquías 3:10; Marcos 10:29-30; Lucas 6:38; Juan 10:10; 2 Corintios 9:8; Filipenses 4:19; 3 Juan 2.

CAPÍTULO 7: MANTÉN TU TERRITORIO

1. Ver 2 Samuel 23:11-12.

2. Ver Eclesiastés 1:2.

3. Isaías 43:18-19.

4. Apocalipsis 21:5; ver Ezequiel 36:26; 2 Corintios 5:17; Salmos 96:1; Lamentaciones 3:22-23.

5. Erwin Raphael McManus, *The Artisan Soul: Crafting Your Life into a Work of Art* [El Alma Artesana: Convierte tu vida en una obra de arte] (New York: HarperCollins, 2014).

CAPÍTULO 8: ENCUENTRA A TU TRIBU

1. Erwin Raphael McManus, *The Barbarian Way: Unleash the Untamed Faith Within* (Nashville: Thomas Nelson, 2005).

2. Ver 1 Samuel 20:1-15.

3. 1 Samuel 20:4.

4. 1 Samuel 20:17.

5. Ver 2 Samuel 23:8-39.

6. Rut 1:16.

7. Rut 1:17.

8. Eclesiastés 4:9-12.

CAPÍTULO 9: CONOCE LO QUE QUIERES

1. Jim Blanchard Leadership Forum, Leadership Institute, Columbus State University. Consultado en línea. https://jblf.columbusstate.edu.

2. Mateo 20:30-32.

3. Mateo 20:33-34.

4. Ver Salmos 37:4.

5. 2 Reyes 4:1.

6. 2 Reyes 4:2.

7. 2 Reyes 4:3-7.

8. 2 Reyes 4:6.

9. Efesios 3:20.

CAPÍTULO 10: LISTO PARA LA BATALLA

1. Ver Lucas 16:10.

2. 2 Reyes 13:18.

3. 2 Reyes 13:21.

4. Juan 19:30.

5. Mateo 25:21.

6. Ralph Waldo Emerson, citado en Robert D. Richardson, *First We Read, Then We Write: Emerson on the Creative Process* (Iowa City, IA: University of Iowa Press, 2009), xii.